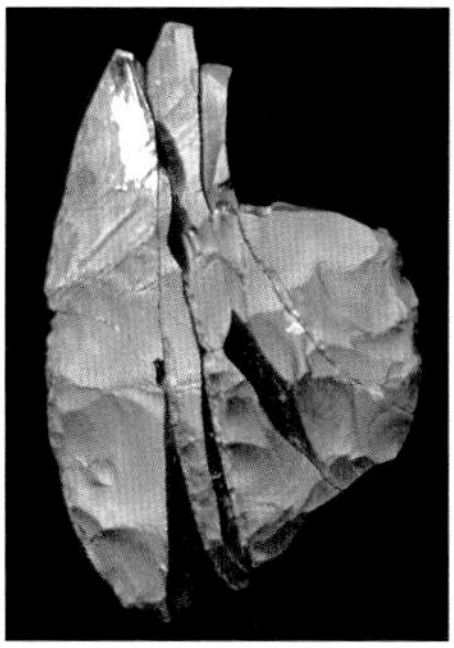

シリーズ「遺跡を学ぶ」012

新泉社

北の黒曜石の道

白滝遺跡群〈改訂版〉

木村英明

北の黒曜石の道
―白滝遺跡群〈改訂版〉―

木村英明

【目次】

編集委員
勅使河原彰（代表）
小野　昭
小野　正敏
石川日出志
小澤　毅
佐々木憲一
装　幀　新谷雅宣
本文図版　松澤利絵

第1章　世界第一級の黒曜石産地・白滝

1　黒曜石の話

人類史上最古の旧石器時代は、道具の多くが石で作られた時代である。

アフリカで誕生した猿人が、手頃の石を道具に仕立てたのが、石器作りの最初とされる。その後、原人、旧人、新人と続く人類の進化にあわせて石器作りは大いに発達する。槍先《やりさき》や矢じり、皮なめし具、ドリルなど、目的に応じて各種の道具が作られる。石材も、その用途に応じて選ばれることになる。作りやすく、しかも用途に適した強さや切れ味の鋭さが得られるフリント、黒曜石《こくようせき》、頁岩《けつがん》、メノウなどが好んで使われた（図1）。

とりわけ、火山の噴出物や溶岩が急激に冷えてできた火山ガラス、黒曜石は、一級品であったらしく、石器作りの素材として広く世界に利用されてきた。

その貴重さのゆえに、黒曜石とそれを求める人びとの動きは、石器時代後も止むことがなかった。古代エジプトのみごとなナイフも、後方コーカサスやアルメニアなど遠く地中海を越えて持ち込まれる黒曜石で作られていた。供給不足で、トルコ東部の露頭《ろとう》からメソポタミアやパレスティナ、アナトリアへ黒曜石が売りに出されたこともあるという。またメキシコの太陽と月のピラミッドで著名なテオティワカンの時代、テオティワカン盆地産出の大量の黒曜石が交易で広く輸出されたという。

ちなみに、西暦七九年のヴェスビオ火山噴火の折、ポンペイなどの市民を救出にいって遭難したことで知られるローマ時代の博物学者、大プリニウスが、著作『博物誌』のなかに、黒曜石のことをしたためている。エチオピアでObsidius某が発見したとあり、黒曜石の英名

図１● 白滝・幌加沢遺跡遠間地点出土の尖頭器
大型の尖頭器は、美麗な赤色混じりの黒曜石で作られることが多い。石材を選んでいるのであろうか（全長25.8㎝）。

Obsidianがその人物に由来するらしいことが想像される。北海道では、俗称・十勝石《とかちいし》の名でも知られる。

　その北海道では、黒曜石の原産地として白滝《しらたき》、置戸《おけと》、十勝三股《とかちみつまた》、余市《よいち》町赤井川《あかいがわ》がよく知られている（**図2**）。このほか小さな転礫《てんれき》を含む程度の小規模なものであるが、丸瀬布《まるせっぷ》（ケショマップ）、名寄《なよろ》、旭川《あさひかわ》（近文台《ちかぶみだい》）、滝川《たきかわ》、美蔓《びまん》（鹿追《しかおい》町）、豊浦《とようら》などがかつて人びとに利用されたらしい産出地として新たに明らかになってきている。今後、さらに増えることも予想される。

　しかし、新たな産出地の発見にもかかわらず、旧石器時代に果たした主要四カ所の役割、なかでも質が良くて大きな塊が豊富に産出することで知られる白滝の役割について、これまでの高い評価が変わることはなさそうである。

　昨今、市民参加型の体験学習が、博物館や埋蔵文化財センターなどの行事として盛んにおこ

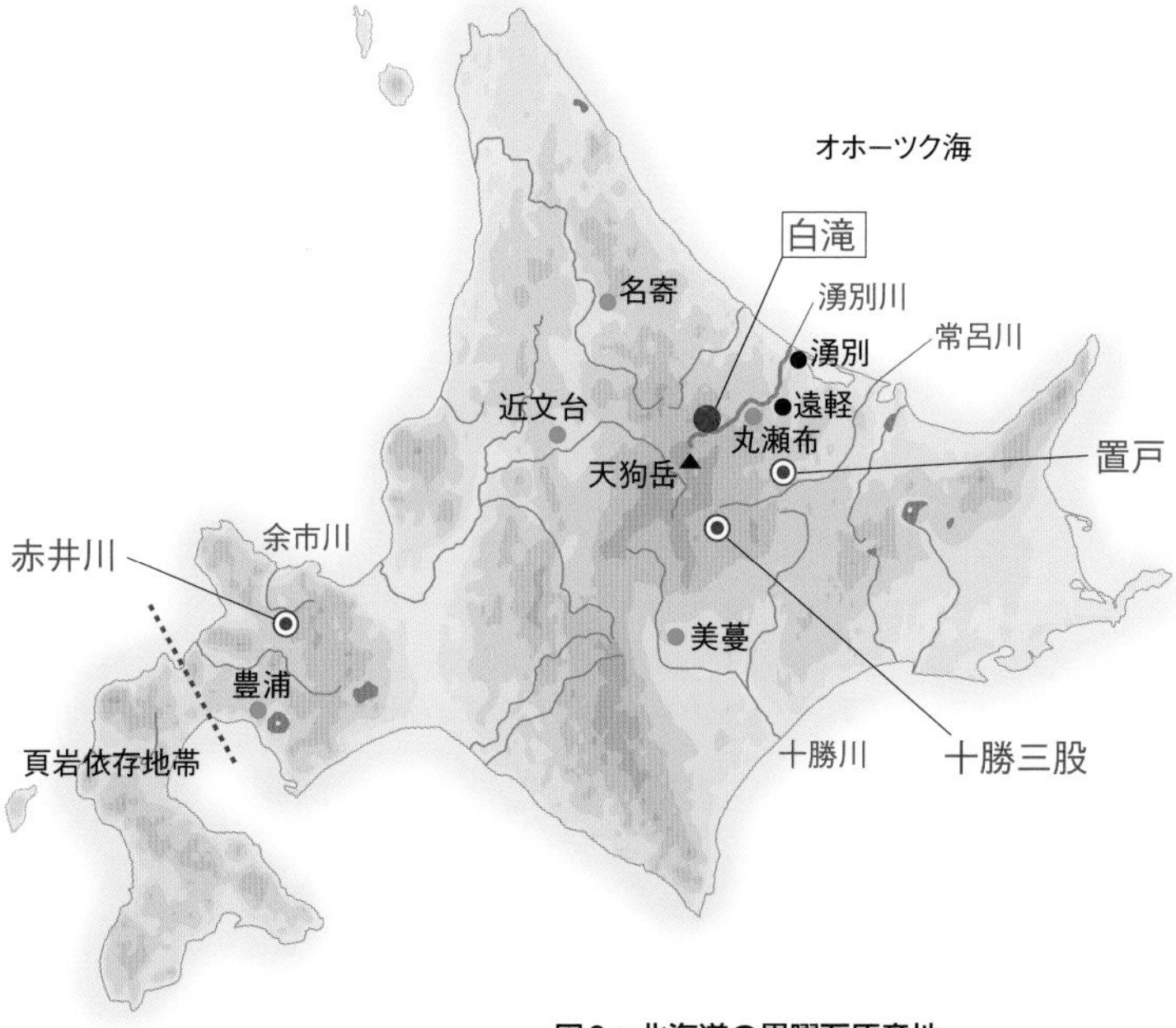

図2 ● 北海道の黒曜石原産地
●は主要原産地、●は転礫などの採取可能地。

なわれており、「石器つくり」は欠かせないメニューのひとつになっている。そこでよく使われているのが、白滝産の黒曜石である。北海道内はもちろん、本州にまで運ばれている。今日なおその役割を失っていない、といえるのかもしれない。

いうまでもなく、この黒曜石原産地の周辺には、旧石器時代に相当する世界有数の白滝遺跡群が残されている。本書では、白滝赤石山の黒曜石原産地とその周辺に築かれた白滝遺跡群の概略を紹介し、黒曜石の動き、そして旧石器時代の人びとと社会に迫ってみたい。

2　黒曜石の山・赤石山

山頂部の産出地

大雪山《たいせつざん》系の天狗岳《てんぐだけ》（標高一六三五メートル）に水源を発した湧別川《ゆうべつがわ》は、八号沢川《はちごうざわがわ》、十勝石沢川《とかちいしざわがわ》の河水を集め、東西に細長いかつての白滝村（現・遠軽町白滝地区）の岸を洗いながら流れ下る。やがて、南から流れ込む流域最大の支流、支湧別川《しゆうべつがわ》と合流し、両河川にはさまれた「三角地帯」を形成する。その合流点付近でいくらか流れを北東方に変え、幌加湧別川《ほろかゆうべつがわ》を吸収しつつ、丸瀬布、遠軽《えんがる》、上湧別、湧別の市街地を経てオホーツク海へと注ぐ（図3）。

JR線旧奥白滝駅と白滝駅の中間付近、奥白滝から上白滝に流れ下ろうとするあたりで合流する八号沢川、市街地西部で注ぐ十勝石沢川（黒曜の沢）、支湧別川との合流点からさらに五キロほど下ったところで流れ込む幌加湧別川はいずれも北から湧別川に合流する川で、標高一一四七メートルの赤石山の山腹に源流がある。白滝村市街地の北々西およそ六・五キロに位置するこの赤石山こそ、頂上部に黒曜石の岩帯をかかえる原石産地である（図4）。

赤石山は現在、エゾマツ、トドマツ、シラカバ、背丈ほどもあるクマイザサなどの植物にスッポリとおおわれ、ヒグマやエゾシカ、そして川にオショロコマなど北の動物の小さな息づかいを除くと、ヒッソリと静寂に包まれている。森に人びとが分け入ることは容易でなく、林道をはずれてはおよそ不可能である。それゆえ、黒曜石原産地と付近の地質学、地理学、あるいは考古学的調査は、十分におこなわれていない。多くの地域は手付かずで、不明な点が多いというのが実情であるが、それでも、赤石山頂上部、周囲の谷頭《こくとう》付近など、深い森のあちこちに黒曜石の露頭をみることができる。

八号沢川に沿って八号沢赤石山林道をさかのぼっていくと、標高九〇〇メートル付近から黒曜石のかけらが目につくようになる。標高一〇〇〇メートルを過ぎるとそ

図3●白滝遺跡地図
■色部分が山頂、山頂付近の黒曜石原産地（和田・佐野2011により一部追加）。■色部分に流域の遺跡群がある。

の量がいっそう増してくる。

くねくねと蛇行する急勾配の林道をさらに登っていくと、やがて視界が開け、広々とした赤石山山頂部の平坦面に達する。正確には、緩やかな低みをはさんで東西二つに頂があるように理解される。東の平坦面には、近年まで黒曜石を採掘していた跡が残されている（東アトリエ、図6）。

土産品の細工、園芸・工業用のパーライト作りなどのために、大量の黒曜石が切り出され、現在

図4 ● 黒曜石の山・赤石山

図5 ● 山頂と山腹
山頂と幌加沢遺跡遠間地点との標高差はおよそ500m。山腹には、深い森に包まれ行方知らずの遺跡が数多くあるものと思われる。

は、砕石《さいせき》を敷き詰めたように拳大ほどの黒曜石が一面に広がる。かつては人頭大、稀には巨大な岩塊も含まれていたことが伝えられている。小さな角礫《かくれき》さえも長い間の風化を受けたことを示す透明感のないガサガサした表面を呈しており、地層断面でこそ確認できないものの、長い間に作られた破砕礫《はさいれき》（崩落礫《ほうらくれき》）が山頂部の表面を厚くおおっていたように推測される。

ここの黒曜石は、黒色が斑状に融け込むものもあるが、赤色・赤褐色、紫色を帯びた褐色を呈する、一般にいう花十勝石《はなとかちいし》である（図7）。かつては、鮮やかな真紅が織りなす宝石のような黒曜石もみられた。

一方、西ピークの平坦面にも黒曜石の産出地が広がる。その南側には、表土が大きく削りとられ黒曜石のむき出しになった近年の採掘跡

図6 ● 赤石山の山頂・東アトリエの現況

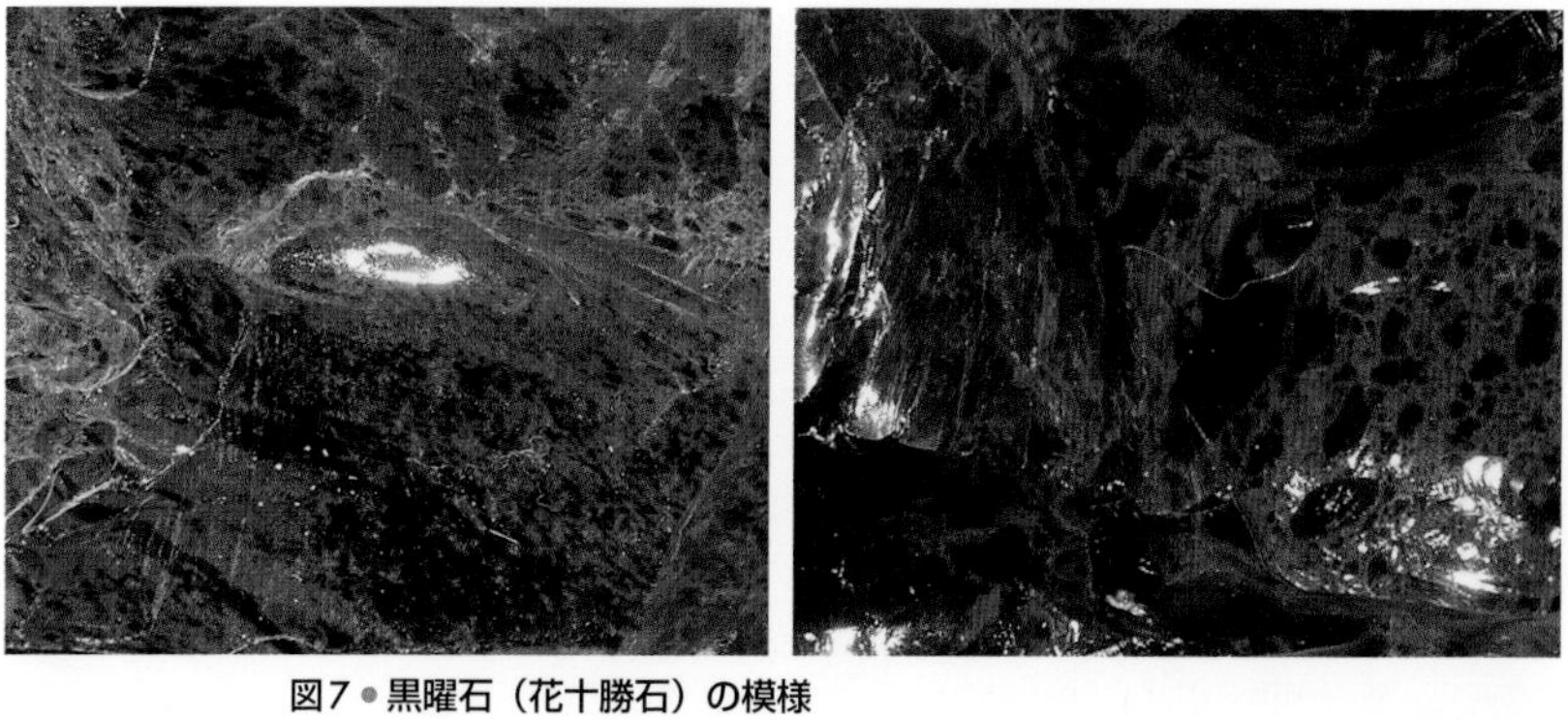

図7 ● 黒曜石（花十勝石）の模様

褐色（左）、あるいは紅色（右）が混ざる花十勝石は、赤石山産出地の東方、とくに中・南部に分布。概して不純物の混入も少なく、大型尖頭器や細石刃核によく用いられている。

がある（西アトリエ、図8）。破砕され、やや磨滅した拳大から人頭大ほどの大きな塊がびっしりと表面をおおっている。なかには一メートルを超す大きな塊もあり、細工物、石器づくりの材料として搬出されている。ここで産出される黒曜石は、漆黒の黒曜石で、数ミリから二センチほどのゴルフボールを小さくしたような灰白色《はいはくしょく》の結晶（球顆《きゅうか》）を含む。やはり、山頂部の表層を細かく砕かれた角礫がおおい、巨大な岩盤？は地中深くにあるのかもしれない。

山腹の露頭

赤石山山頂部の周囲、標高八〇〇〜一〇〇〇メートルの位置に黒曜岩帯の広がりを示すと推測される露頭群が知られている。

およそ赤褐色の黒曜石の産出地が中央部に位置し、漆黒の黒曜石の産出地が周辺部に分布する。生成が一度によるものか、複数回によるものか、マグマが地下深くから突き上げてきた時の火道の構造と関係するの

図8・**赤石山の山頂・西アトリエの現況**
西アトリエや八号沢露頭などの赤石山産出地の西方に漆黒の黒曜石が分布。ごくごく微量ながら、褐色混じりの例も確認。しばしば流紋岩球顆を含むが、できる限り不純物を避けて使用したらしい。

か、黒曜石の生成過程を解き明かすうえで貴重な手がかりを与えている。これまでのところ、化学的成分においてみた目ほどの違いはないとされているが、人類が築いた黒曜石の道を考えるのには重要である。

八号沢露頭　赤石山山頂への途中の標高およそ一〇〇〇メートル、八号沢赤石山林道の右手を少し入ったところに八号沢露頭がある（**図9**）。もっともよく知られた露頭で、黒曜石の分布域のおよそ西南の境界にあたる。高さ一五メートルほどの切り立った崖の下半部に流紋岩質《りゅうもんがんしつ》凝灰岩《ぎょうかいがん》が堆積し、そのなかにはさまるように漆黒の黒曜石が大量にみられる。

灰白色をした流紋岩球顆《りゅうもんがんきゅうか》や縞状の構造を含むものもあるがガラス（玻璃《はり》）状の光沢があり、概して良質である（**図10**）。崖面の観察では、厚いところで層厚およそ四メートルを数える。

球顆の沢露頭　山頂部の西アトリエ付近から南の急な沢を三〇〇メートルほど下ると、直径三センチほどの流紋岩球顆がまとまって産出する北海道の文化財指定地がある。標高はやはり一〇〇〇メートルほど、黒曜石の分布域の境界付近にあるらしい。

谷頭部からこの付近にかけて、大きな角礫、時に五〇センチを超す巨大な赤褐色の黒曜石角礫が集積し、層状に広がる様子が観察できる。この小さな支谷は、やがて八号沢川へと連なる。

あじさいの滝露頭　一方、幌加湧別川の最上流域においても、原産地の広がりを確認できる。赤石山原産地の東の境界と思われる蜂の巣露頭、そしてあじさいの滝露頭である。

幌加湧別川に沿って走る幌加湧別林道は、幌加湧別川の川口（湧別川との合流点）から上流八・五キロの地点で、蜂の巣林道と交わる。その蜂の巣林道を二キロほどさかのぼった左上方

図９ ● 八号沢露頭
黒曜石産出地の西南端にあり、もっともよく知られた黒曜石の露頭である。
凝灰岩の岩壁に大量の漆黒の黒曜石がパッチ状に顔を出している。

の樹間にあじさいの滝を望むことができる。そして、懸崖《けんがい》のなかほどに黒曜石の岩層が認められる。

黒色、もしくは黒色と褐色が融解した班状《はんじょう》をなし、柱状《ちゅうじょう》・棒状《ぼうじょう》・針《はり》状《じょう》の特徴を示す。結晶に原因するのか、露出した岩層の表面に無数の割れ目が縦に走っているためである。標高八二〇メートルほどにある。

蜂の巣露頭　さらにさかのぼった源流部の右岸に幾条かの短く、急峻な小支流が注いでいる。源流部の崖面、あるいは付近の粘土層中に、崩落した漆黒あるいは褐色の混ざる大きな黒曜石角礫を大量に含む層が数カ所で確認されている。標高八五〇〜九五〇メートル付近で、蜂の巣露頭などである。地名の由来でもある漆黒の玻璃質の強い、表面が蜂の巣のように小さな孔でおおわれためずらしい黒曜石が含まれる（**図10**）。

このほか、土砂中に角のとれた拳大〜人頭大の黒曜石を多数含む切り通しがある。広い意味での露頭といえようが、原石散布地として原産地の本体からは区別できる。幌加沢林道露頭、あじさいの滝下露頭などが、その好例である。標高五五〇メートルほど、蜂の巣露頭、あじさいの滝露頭がある同一斜面の末端部にあたることから、その付近から相当の距離を流れ下ってきたものと推測される。肉眼鑑定によっても黒色を主体とした両者の黒曜石はよく似ている。

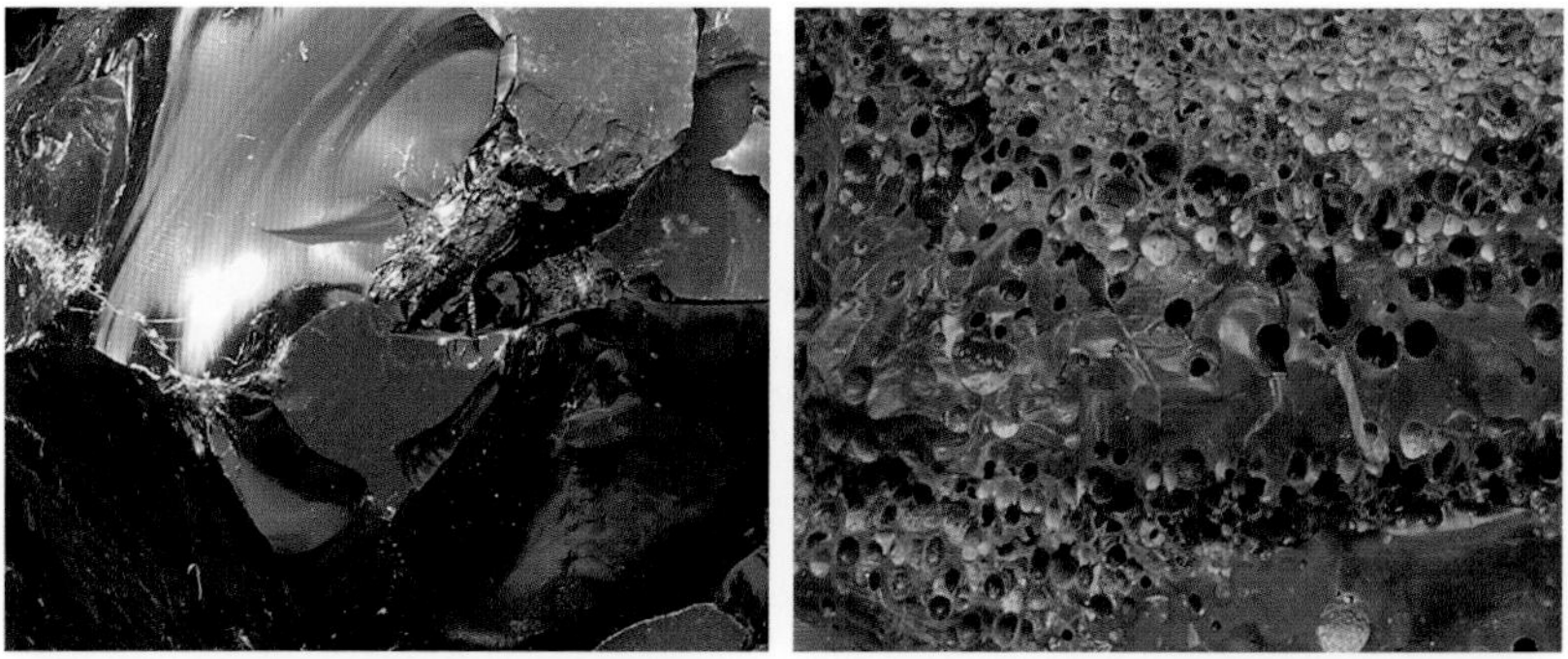

図10 ● 黒石と蜂の巣の黒曜石
漆黒の黒曜石（左）は、蜂の巣露頭など東方にも分布する。発泡して蜂の巣状を呈する特徴的なものもある（右）が、石材としては向かない。

3　もうひとつの原産地

十勝石沢の露頭

北海道での黒曜岩研究に道を拓いた河野義礼《こうのよしのり》は、『本邦産玻璃質岩石の研究』（河野一九五〇）のなかで、白滝に二カ所の黒曜石産地があることを早くから指摘していた。赤石山をさす「白滝村北方八キロの一一五四メートル山頂上附近」と、「幌加沢上流の八〇〇メートル頂上と産状（露頭）」である。しかしこの段階では、実態不明な赤石山は存在を予測したもので、むしろ後者についてくわしく調べていた。もうひとつの黒曜石産出地である。

十勝石沢川の最奥部、すなわち湧別川との合流点から四キロほどさかのぼった東に、赤石山とは独立した標高八七二メートルのピークがある。赤石山の東南方およそ二・五キロの距離に位置する。河野によると、この付近の基盤は「白亜紀《はくあき》前のものと考えられている日高系であって、粘板岩《ねんばんがん》及び砂質粘板岩より

図11 ● 十勝石沢
赤石山とは異なる標高872ｍ峰の黒曜石産出地。

なり」、「上白滝駅北方附近にはこの日高系を貫いて花崗閃緑岩《かこうせんりょくがん》が小範囲に露出」する。それをおおって「流紋岩質の凝灰岩、凝灰角礫岩の互層が厚く広範囲に発達し」、そのうちの水平に折り重なる地層は「軽石、玻璃質流状構造、流紋岩黒曜岩破片、火山灰」などからなり、黒曜岩は「澱粉沢（現在の十勝石沢・引用者註）上流東方の八〇〇メートルの西南側懸崖」において露出し、よく観察できる（**図11**）。

およそ一〇〇メートルに達する懸崖は、最下部の三〇メートル以上が「白色の凝灰岩」、その上部二〇〜三〇メートルが「黄色の凝灰岩」、さらにその上部約一五メートルが「顕著な流状構造の流紋岩」、「問題の黒曜岩はこの流紋岩上に更に明瞭な境界を以って被覆」し、「緻密質黒曜岩の懸崖」は露出する部分こそ少ないが、「八〇〇メートル山の頂上部」のほとんど全域が黒曜岩の破片をもって蔽われていた、という。その実状を正確に把握していたことがわかる。

ここでの黒曜石は、赤石山の黒曜石とは異なる、肉眼的にも容易に識別できるほどの特徴がある。こまかい気泡を非常に多く含むために玻璃光沢のにぶい（透明感乏しい）、表面がややザラザラした白濁の黒曜石である（**図12**）。球顆はみられない。一般に「梨肌《なしはだ》の黒曜石」と呼ばれる。ただし、下位の溶結凝灰岩中の黒曜石は、気泡もなく玻璃光沢の強いものが含まれるとのことであり、層位的に区別される可能性もある。

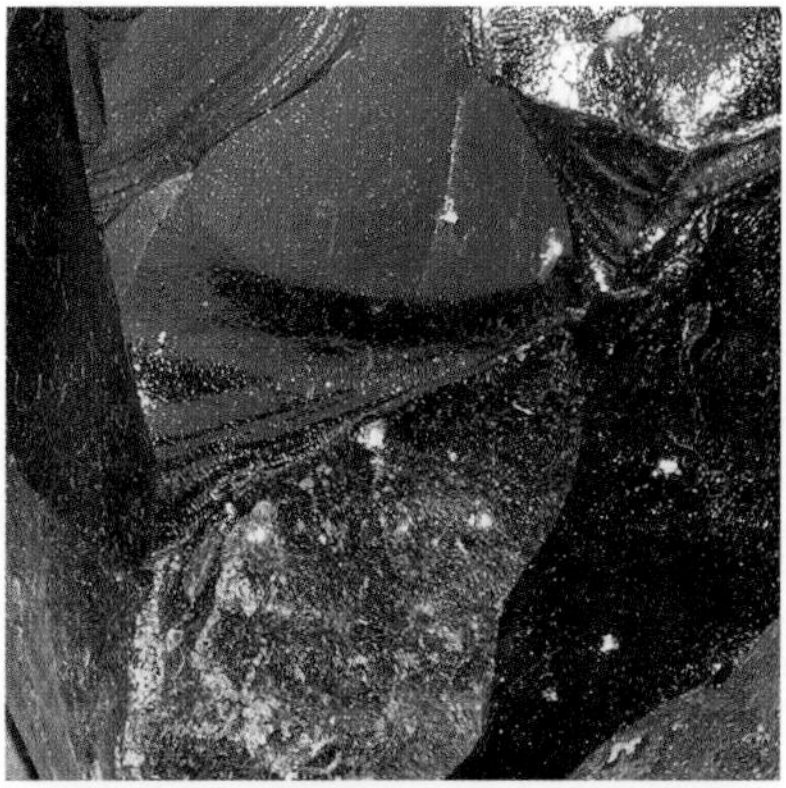
図12 ● 梨肌の黒曜石
表面がザラザラしていることからその名がある。硬い性質からか石材としてそれほど多用されることはない。

「山の石」と「川の石」

昨今、遺跡から出土する黒曜石を産地同定し、先史時代の人びとの動きを探ろうという研究が盛んで、理化学的分析法をもって資料を破壊することなく出土黒曜石の全点を分析しようという試みも実践されている。

当然ながら、黒曜石の採取可能な場所は、これまでに紹介してきた原産地の広がりに限られるものでない。斜面を下る黒曜石、沢や川を下る黒曜石などがある。土砂のなかに角礫を含む山腹（斜面堆積物）、あるいは八号沢川、十勝石沢川、幌加湧別川など黒曜石埋蔵地の山腹に谷を刻む各支流域、そしてそれらが合流する湧別川本流域である（**図13**）。

かつては、オホーツク海に注ぐ湧別川の河口付近でも拳大ほどの黒曜石が容易に採取できたし、海底からの採集も報告されている。よって、人類が採取可能な地域は、距離にして六〇・五キロの範囲におよび、はるかに広がりをもつことがわかろう。それゆえ、たとえ理化学的な分析結果が提供されても、具体的な採取場所を特定するのには、さらにいくつかの条件をクリアしなければならない。

しかし先に触れたように、白滝の場合では、黒曜石の顔つ

図13 ● 幌加湧別川にみられる「川の石」
幌加湧別川の中流域にみられる黒曜石は、大きいがすでに角がとれて丸みを帯びている。雨上がりの後など水かさが増す時には、50㎝ほどもある大きな塊が流れ下ることもある。

きが露頭ごとに多少なりとも違っている。たとえば、「赤石」に近い黒曜石、「梨肌」の黒曜石、「蜂の巣」状の黒曜石、あるいは「棒状・針状」の黒曜石などである。また、「山の石」と「川の石」である。

川を流れ下る黒曜石は、水や礫の攻撃を受け、やがて丸味を帯び、最後は月のクレーターにみるような特徴ある凹凸が表面に刻まれる。

湧別川の本流に入る前、すなわち、八号沢川や、幌加湧別川の中流域ではすでに角がとれ姿を変えているが、比較的大きいままである。黒曜石の顔つき・形状を理解し、肉眼的に識別可能となれば、採取地に関する推定域をせばめ、より豊かな人の行動の復元に迫ることが可能となろう。より確かなことは、白滝の黒曜石が、自然の営力のみで湧別川とそれに関連する水系を越えて移動することはない、ということである。

図14● 湧別川と「川の石」
湧別川の黒曜石原石を石器の材料にした例もある。いまでこそ小さいが、かつては人頭大ほどの大きなものも容易に拾うことができた。

第2章　日本旧石器研究と白滝

旧石器研究前夜

一九四九年、群馬県岩宿《いわじゅく》遺跡のローム層に調査の鍬が入れられ、日本列島にも旧石器（先土器）文化の存在することが確かめられた。それから遅れること五年、北海道においても研究が開始された。道南の桧山《ひやま》管内樽岸《たるきし》遺跡の発掘調査である。一九五四年のことであった。しかし、これらに先駆けて、白滝村で発見される黒曜石製の大量の石器、あるいは大形の石器が、ヨーロッパの「旧石器」に類似するとして一部の人びとに注目されていた。河野広道《こうのひろみち》と名取武光《なとりたけみつ》は、旧石器と思われる上白滝の石器を、写真を添えて学界に報告している（「北海道の先史時代」『人類学・先史学講座』六、一九三八年）。

紹介された写真の石器は、いまでいう石刃核《せきじんかく》、両面加工石器《りょうめんかこうせっき》、細石刃《さいせきじん》を作る「湧別技法《ゆうべつぎほう》」の存在を示すファースト・スポール、有茎尖頭器《ゆうけいせんとうき》である。

残念ながら、旧石器と特定されるまでには至らず、正当な評価を受けるにはなお時間を費やすことになるが、一九四九年以降、日本最古の文化を求める研究者の関心がいち早く北海道、とりわけ湧別川流域の遺跡に向けられたのは、こうした貴重な発見が蓄積されていたからにほかならない。それらがどのような石器であるかは、後の章に譲りたい。

遠間栄治と松平義人

白滝での発見史をひもとく時、遠軽町在住の愛好家・遠間栄治《とうまえいじ》の名を忘れることはできまい（図15）。そもそもの発見は、彼によるものであり、熱心な石器の収集活動は、はるか以前に始まっていたからである。若い頃から郷土史に関心を寄せていた遠間は、遠軽町役場に勤めて間もなく、私設の郷土博物館を建て、湧別川流域で集めた黒曜石製の大型石器、石刃核など三〇〇〇点の資料を展示している。一九三〇年（昭和五）に近い昭和のはじめのことである。

しかし一九三二年、生田原村役場に職場が変わることとなり、郷土博物館の管理、維持が困難となった。結局、これら初期の収集品は河野らの援助を借りて北海道大学に寄贈されることとなった。河野らによって学会誌に紹介された資料は、それらの一部であったわけである。北海道大学付属植物園内の博物館には、それらの資料がいまもひっそりと収蔵・展示されている。

また、白滝村発見の石器が中央の研究者の注目を集めるのには、河野らの業績のほかに、特別な関心を抱き東京と北海道の間を教師として行き来していた好事家の松平義人《まつだいらよしと》の役割が大きかったことも知られる。頻繁に「大山史前学研究所《おおやましぜんがくけんきゅうしょ》」やこれからの日本旧石器研究を担うことになる明治大学の杉原荘介《すぎはらそうすけ》、芹沢長介《せりざわちょうすけ》、吉崎昌一《よしざきまさかず》らを訪ね歩き、白滝などでみずからが収集した資料を紹介していた話は、つとに有名である。松平によってもたらされる貴重な情報は、やがて樽岸遺跡や白滝遺跡群の発掘調査として花開くのである。

吉崎昌一と白滝団体研究会

白滝遺跡群の研究は、もちろん前史を飾ったばかりではない。つぎつぎと新しい発見をもたらす白滝での調査は、おもに吉崎昌一の本格的な活動によって導かれたものであった。それは衆目を集め、北海道はもちろん、日本における旧石器研究の目ざましい進展をリードする大きな役割を果たしてきた。

明治大学の大学院生から北海道大学理学部地質鉱物学教室の研究生となった吉崎昌一が、水を得た魚のように活動できたのも、芹沢長介と湊正雄《みなとまさお》という優れた師、良き理解者がいたことと、白滝団体研究会という画期的な研究体制に支えられたからであろうと想像する。おもな研究は、次ページの年表、あるいは必要に応じて本文のなかで紹介する。筆者が高校生の頃、食料差し入れのため熱気溢れる吉崎研究室を訪ねたことがいまは懐かしい。

図15 ● 遠間栄治
かつての私設博物館で、大型の両面加工石器を眺めるありし日の遠間栄治。白滝遺跡群の重要性を誰よりも深く理解していた。

1965 年　加藤晋平、シベリアの旧石器文化の編年、とくにシベリアでの湧別技法による楔状（細）石核の出現時期を根拠に、北海道で細石刃技術が独自発生する可能性を否定（「北海道の石刃－とくに細石刃技術について」『歴史教育』13 － 3）。
杉原荘介、湧別技法（手法）による彫器（白滝型エングレーヴァー）も、細石刃核であるとし（「会報」『考古学集刊』3 － 2）、吉崎説を退けた。
1967 年　吉崎昌一、「前期白滝文化」、「後期白滝文化」という考えを提唱。
1968 年　木村、湧別川流域の一般調査（1969 ～ 1973・1978・1980 ～ 1983・1985 年）
1971 年　米村哲英、管内初の縄文時代早期（東釧路Ⅲ式土器）の石井遺跡の確認調査。
1972 年　白滝村教育委員会、白滝幌加沢遺跡遠間地点を発掘、町指定遺跡へ。
1975 年　明治大学考古学研究室、白滝服部台遺跡が、尖頭器のような生産用具類が散在する出土状況から生活の痕跡を残す集落址とみなし、その編年的位置を細石刃文化の幌加沢遺跡遠間地点より新しいとした（『北海道白滝服部台における細石器文化』）。なお、有茎尖頭器が組み合わせ道具の先端部である可能性も指摘。
1981 年　白滝村教育委員会、白滝服部台 2 遺跡・同近藤台 1 遺跡を発掘。
1982 年　畑宏明・千葉英一、報告書『服部台 2 遺跡・同近藤台 1 遺跡』のなかで、服部台 2 遺跡の石器群が峠下型細石刃核と有茎尖頭器を組成とする比較的単純な一群とみなし、あわせて石刃製作のため「石刃湧別技法」を提唱。
1985 年　白滝村教育委員会、白滝第 30 地点・同第 4 地点の範囲確認調査。翌年、白滝第 13 地点、および白滝第 33 地点・同第 32 地点などの範囲確認調査。

第Ⅲ期　「黒曜石の道」解明の時代－遺跡の構造的研究の時代

1987 年　札幌大学文化交流特別研究所、白滝幌加沢遺跡遠間地点を発掘。ロシア科学アカデミーシベリア支部考古学･民族学研究所(デレヴャンコ所長ら 5 人)と共同調査。
1988 年　札幌大学文化交流特別研究所、幌加沢遺跡遠間地点の第 2 次発掘調査。
1989 年　札幌大学文化交流特別研究所（埋蔵文化財展示室に改称）、幌加沢遺跡遠間地点の第3次発掘調査。ロシアサハリン州ユージノサハリンスク教育大学歴史学部(ゴルベフ教授ら 5 人）と共同調査。
以後、1990 年、1992 年、1993 年、1995 年、1999 年、2002 年、2003 年、2004 年、2005 年、2006 年に発掘調査。木村は、報告書や論文を通して、遺跡群にみられる分業システム、黒曜石を動かす物流のネットワークなど新視点を提示（『北海道考古学』31 輯、1995 ほか）
1995 年　高規格道路建設にともなう（財）北海道埋蔵文化財センターの発掘調査始まる。
以後、1996 ～ 2003、2006 ～ 2008 年と続けられ、上流から下流へ奥白滝 11 遺跡、服部台 2 遺跡、奥白滝 1 遺跡、上白滝 8 遺跡、上白滝 2 遺跡、上白滝 5 遺跡、上白滝 6 遺跡、上白滝 7 遺跡、北支湧別 4 遺跡、白滝第 4 遺跡、白滝第 30 地点、白滝 8 遺跡、白滝 18 遺跡、白滝 3 遺跡、旧白滝 9 遺跡、旧白滝 8 遺跡、旧白滝 5 遺跡、ホロカ沢Ⅰ遺跡、旧白滝 3 遺跡、旧白滝 15 遺跡、旧白滝 16 遺跡、旧白滝 1 遺跡、下白滝遺跡の発掘調査がおこなわれた。それぞれに石器の集中するブロックが検出され、段丘上に展開された当時のムラの様子が解明されつつある。
白滝遺跡群関係の北海道埋蔵文化財センター調査報告書Ⅰ～Ⅻが刊行され、詳細な報告が果たされている（2000 ～ 2002・2004・2006 ～ 2009・2011 年)。

白滝遺跡群の研究史

第Ⅰ期　遺跡発見の時代

1924年　遠間栄治、奥白滝で20cm × 20cmの大型尖頭器を発見。
1932年　遠間栄治が収集した資料、北海道大学附属博物館に寄贈。
1938年　河野広道・名取武光「北海道の先史時代の遺物」(『人類学・先史学講座』6-3)で白滝の資料を紹介。
1952年　吉崎昌一、白滝村を調査。
1954年　黒松内町樽岸遺跡で発掘。北海道に旧石器文化の存在することが正式に判明。造林作業員が、赤石山の山奥で大型の槍先様石器を発見し(幌加沢遺跡遠間地点)、遠間栄治に通報。遠間による精力的な収集活動がおこなわれ、遠間コレクションとしていまに伝わる。
1955年　吉崎昌一、芹沢長介・河野広道・湊正雄らと、白滝遺跡(第13地点)を発掘。関連して白滝第4地点、同第27地点を発掘。
1956年　白滝第13地点と白滝第25地点を、北海道大学解剖学教室・ミシガン大学が共同発掘調査。
1957年　吉崎昌一、第30地点と第33地点を試掘。

第Ⅱ期　石器群の編年研究と技術研究の時代

1958年　吉崎昌一、論文「北海道の無土器文化について」(『郷土の科学』19)のなかで、北海道の旧石器文化の編年案を提示。第27地点→第4地点→第13地点→第33地点→第30地点に変遷するという白滝の遺跡群が、旧石器文化研究の進展に大きな役割を果たす。
1959年　白滝団体研究会がつくられ、地質学や考古学などさまざまな専門分野の人びとが集まって白滝遺跡群の調査と研究。白滝第31地点・同第32地点を発掘。吉崎昌一、白滝第30地点で発掘された「白滝形(型)舟底石器(エングレーヴァー)」の製作技法を「白滝手法」と呼ぶ(「北海道の無土器文化の研究の真相」『黒曜石』12)。ただし3カ月後、芹沢長介の助言を得て「湧別手法」と改称(『立川』)、あわせて「白滝形舟底石器」に関する藤川の細石刃核説を否定。(藤川尚位、置戸出土の細石刃核の打面に残る擦痕を、製作時のすべり止めとした。「置戸遺跡出土の擦痕石器の実例と細石器核について」『先史時代』9輯)
1960年　芹沢長介、舟(底)形石器や石刃、彫刻刀、尖頭器を特徴とする白滝第30・33地点の石器群が、細石刃や荒屋型彫器をもつグループより古く編年されるとし、細石刃文化の「自生説」を表明(「細石器問題の進展－その4」『貝塚』96)。白滝遺跡群の団体研究。白滝第37地点・同第38地点を発掘。
1961年　明治大学考古学研究室、白滝服部台遺跡を発掘。白滝団体研究会による白滝遺跡群の研究。白滝幌加沢Ⅰ遺跡を発掘。
1963年　白滝団体研究会による『白滝遺跡の研究』刊行。従来の石器組成に、地質学的所見と理化学的データを勘案した編年、白滝第13地点→ホロカ沢Ⅰ→(トワルベツ)→(札滑)→白滝33地点→白滝30地点→(立川)へと変遷する案が提示された。中で、吉崎昌一は「白滝形エングレーヴァー」が細石刃核でないことを強調。

第3章　白滝遺跡群

1　山頂の石

山頂赤石一、二遺跡

人類が、黒曜石原産地を目指して白滝の地に足を踏み入れたことを示す先史時代の遺跡がたくさん残されている。これまでに一〇〇カ所以上の存在が明らかにされている。原始林におおわれてその所在すら知れなくなったものはそれらをはるかに上まわるであろう、と推測している。遺跡の集中度、出土遺物の量、いずれもが世界に類をみないものであり、さらなる解明が期待されている。白滝遺跡群は、およそ標高差に応じて三つの領域に分けられる。

旧石器時代人は、赤石山に登り、見晴らしのよい頂上部で石器を作っていた。長期間滞在し、本格的に作業していたと考えるほどの証拠はないが、黒曜石を利用して石器を作っていたことは疑いない。その時の忘れ物？が残されている（図16）。

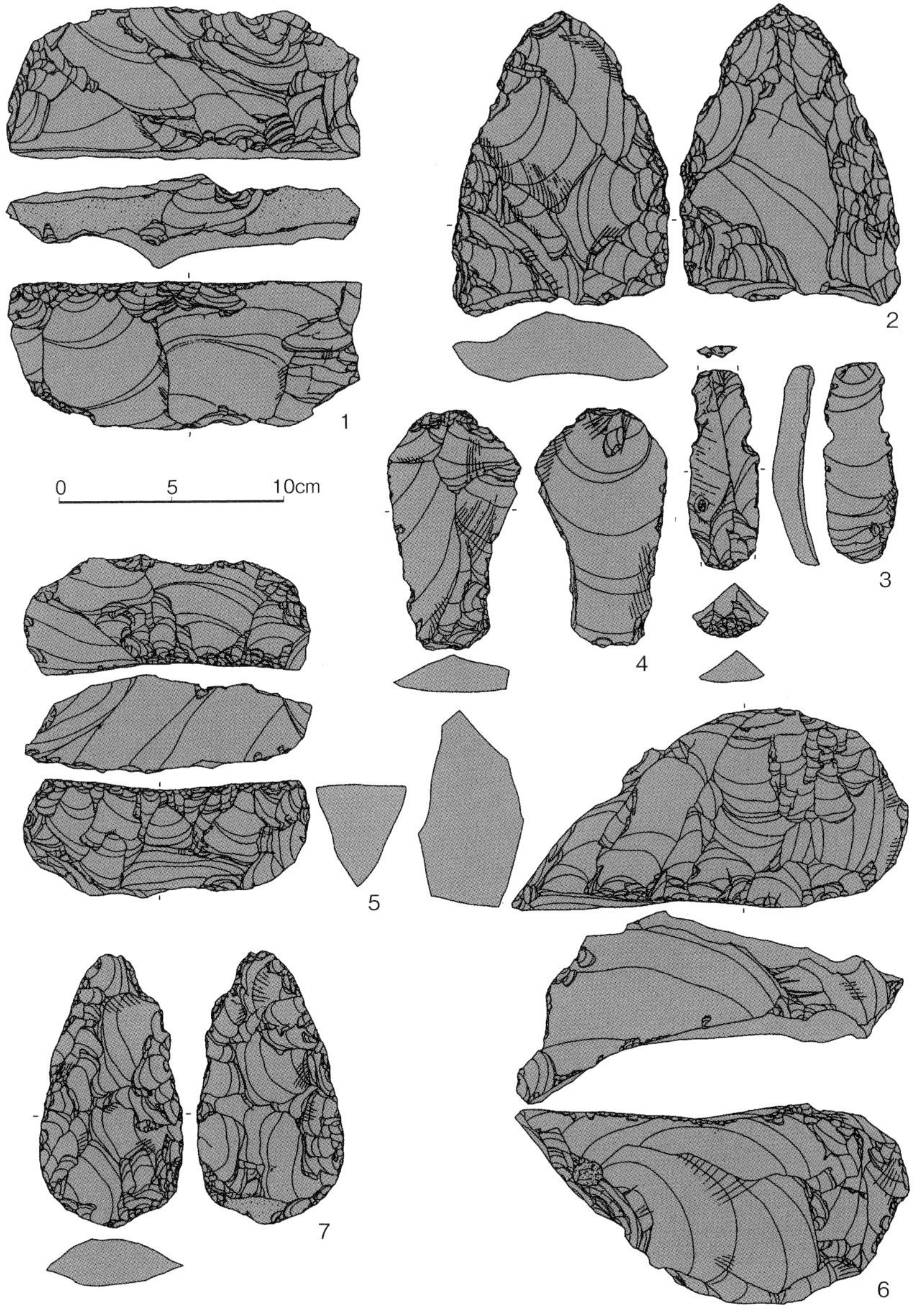

図 16 ● 山頂で作られた石器
山頂赤石 1 遺跡（1 ～ 3）、山頂赤石 2 遺跡（4 ～ 6）、山頂黒石 1 遺跡（7）。

山頂の採掘跡の周辺で、石器が採集されている。仮に、東アトリエの北に位置する遺物採集地点を「山頂赤石一遺跡」、北西方に位置する採集地点を「山頂赤石二遺跡」と呼んでいる。

山頂赤石一遺跡から採集された石器には、大型で、形のいびつな両面加工石器、半分に截ち切られた木葉形《このはがた》の両面加工石器、礫表《れきひょう》を残す甲板面から側縁《そくえん》の調整剝離で仕上げられた舟形《ふながた》石器、端部《たんぶ》に小さな刃部《じんぶ》が作られた石刃《せきじん》製の掻器《そうき》、両側縁の一部に二次加工が加えられた削器《さっき》、平坦打面《だめん》で、細かな頭部調整痕を残す石刃、縦長剝片《たてながはくへん》などが含まれる（図17参照）。

それぞれの石器の解説は後ほどにするとして、両面加工石器や舟形石器は、細石刃を作るための細石刃核《さいせきじんかく》ブランク（母型、祖形）とみられる。

山頂赤石二遺跡からは、入念な側縁の調整剝離によって仕上げられた舟形石器、大型の不定形剝片を素材に用いたおよそ楔形《くさびがた》で、平らな甲板面からおこなわれた細石刃剝離の痕跡を一端に残す細石刃核、両面加工石器の破損品、先端、および左右側縁に二次加工が施された石刃・剝片製の削器などが採集されている。

山頂黒石一遺跡

同じく、西アトリエの周縁でも同様である。黒い黒曜石に限られることから仮に「山頂黒石一遺跡」と呼ぶ。礫表を残す質の悪い角礫《かくれき》を素材とし、一〜二本の石刃を剝離して廃棄された石刃核、両面加工の尖頭器様石器《せんとうきようせっき》と破損品、石刃製の削器などが採集されている。

抜根《ばっこん》された樹木の根にからみつくようにして発見されたもので、遺跡の広がりや規模につい

削　器
現代のナイフであろう。

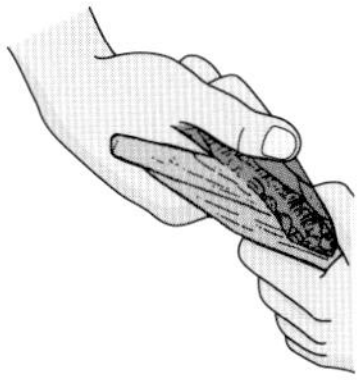

掻　器
毛皮作りに欠かすことのできない道具で、
良い毛皮品は上手な皮なめしで作られる。

石　錐
針穴やボタン孔をあけた
時に溝を掘るのにも使わ
たと思われる。

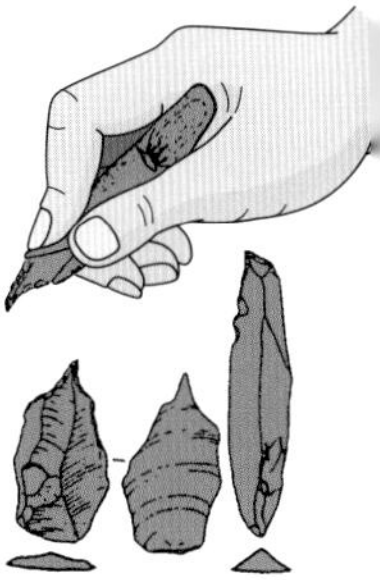

彫　器
主に骨や角などの細工、あるいは絵などを
刻む道具として用いられた。

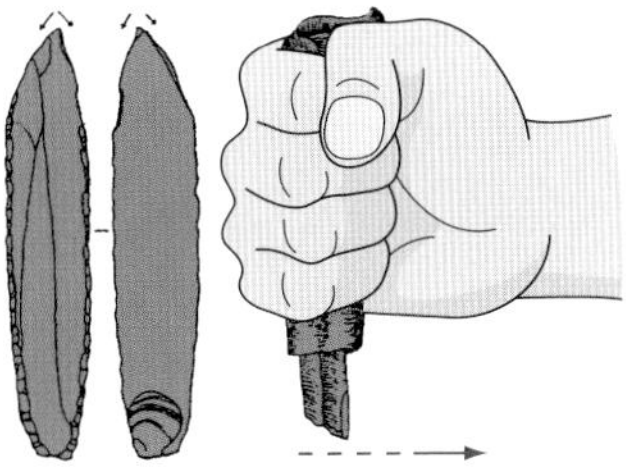

極東のチュクチ族の皮なめし道具

石刃(ブレード)・石刃核(ブレードコアー)
削器や掻器、彫器、石錐、尖頭器など、いろいろな道具の素材
となる。石刃技法は定型的な石刃を連続的に剝がしとる画期的
な技術である。下の図のように、パンチをあてがい、ハンマー
を正確に振り下ろすことで量産されたと思われる。

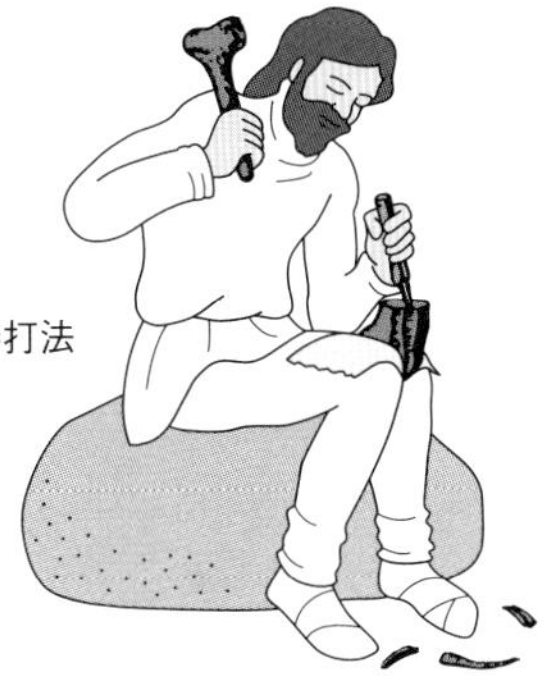
間接打法

尖頭器
木葉形をした両面加工の尖頭器は、槍先と考えられているが、
下の例にあるように、柄をつけてナイフとして使ったものがある。

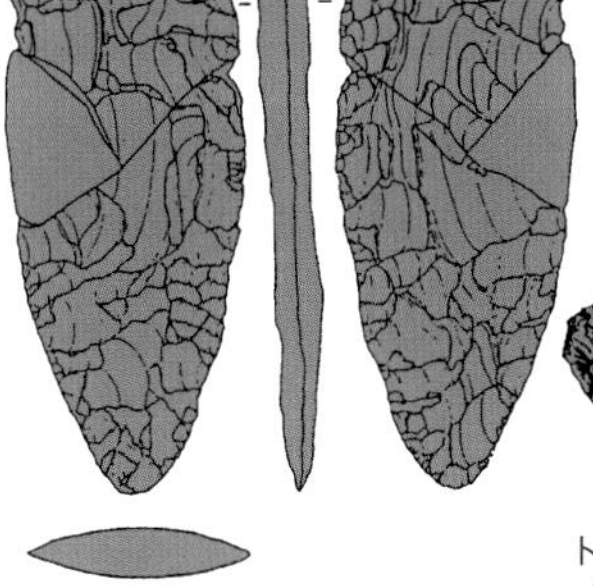

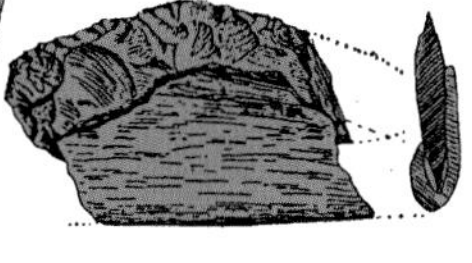
トナカイの骨の柄がついた尖頭器
(フランス・バドグール遺跡)

有茎尖頭器
柄をつけやすくするための突起(茎)
がある槍先で、普通は7〜8cmほど
の大きさである。

(サハリン・アガンキ5遺跡)

図17 ● 石器の作り方・使い方(復元推定)

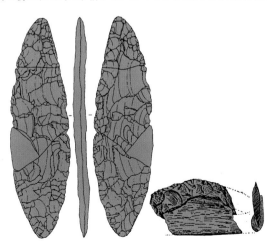

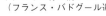

ては不明である。それらの年代についても、即断はできないが、後に紹介する幌加沢遺跡遠間《ほろかざわいせきとおま》地点《ちてん》、あるいは八号沢一遺跡に対比が可能な遺物が含まれている。

山頂下三〇〇メートル、標高八〇〇メートルに達すると角礫素材の石材が容易に入手できるにもかかわらず、石材獲得の前線を山頂部にまで押し上げていた事実は、われわれの予想をはるかに超えて、驚嘆に値する。旧石器時代人が白滝の黒曜石原産地のすみずみまで熟知していたことを示すものである。

2 山腹の遺跡

洞爺丸台風と遠間栄治

一九五四年、一五号台風が北海道に上陸し、青函連絡船・洞爺丸の沈没という忌まわしい惨事となった。また、民家や自然林がなぎ倒され、記録的な被害をもたらした。その後の復旧の努力にもかかわらず、森にはいまなお生々しい爪痕が残されている。この洞爺丸台風が、白滝遺跡群のひとつ、幌加沢遺跡遠間地点発見の契機になったことはあまり知られていない。

被害状況の調査、そして蛾の幼虫の大発生による二次被害を防ぐため倒木の処理にあたっていた白滝営林署の作業員が、風倒木の下から三〇センチを超す大きな両面加工石器を発見したことに始まる。遠軽町の遠間栄治が経営する映画館で夜のみアルバイトをしていた作業員は、遠間が熱心に石器や土器を集めているのを知っていた。さっそく遠間に伝えられた。

人の出入りすら拒む深い森のなかで、地中深く眠っていた石器との感動的な出会いである。大発見を確信した遠間は、その後、汽車と徒歩で足繁く通い、時に作業員に託しつつ資料の収集を続けた。下山時には、リュックに一杯、黒曜石が溢れていたという。集められた資料は、遠間の没後、遠軽町先史資料館を経て、現在は遠軽町埋蔵文化財センターに移管され、展示されている。

幌加沢遺跡遠間地点

この遺跡は、白滝村市街地の北北西、直線距離で五キロ、また幌加沢湧別橋より幌加沢林道をさかのぼること六キロに位置する。

赤石山の中腹、南斜面に張り出すように平坦面が作り出されているが、その平坦面は東を幌加湧別川の支流・左の沢によって、西を小さな支谷によって開析され、幅の狭い舌状《ぜつじょう》の台地を形成する。遺跡は、その先端付近に位置する。標高六一九メ

図18●幌加沢遺跡遠間地点の発掘風景
1987年に始まった発掘調査は13次におよび、わずか100m²にも満たない発掘区から55万点を超す資料が発掘されている。

ートル、市街地を東流する湧別川との比高は二六五メートルである。

残念ながら、この時の収集はもっぱら一部の石器の発見に注意が払われたため、多くのことが不明のままであった。そのため筆者らは、地層の堆積状態と遺物の出土状況を正しく理解し、原産地に近いこの遺跡がもっていた役割を解明したいと考え、一九八七年発掘調査に着手した。

白滝村の指定文化財として保護される区域の外側に、面積一〇〇平方メートルにも満たない小さな発掘区を設け、調査は進められた。密生する背丈以上の笹を人力で払うと、予想に反して平坦で、盗掘の跡もほとんどみられない良好な地形があらわれた。しかも、発掘が進むと大量の遺物が出土し、遺跡の範囲が指定区域を越えて連続することが判明した。

調査は、二〇〇六年の一三次をもってひとまず終了した。発掘区内のごく一部につき、凍結《とうけつ》擾《じょう》乱《らん》作用の沈み込みによる遺物の残存も考慮されているが、地表下およそ七五センチの深さまで、膨大な石器や剝片が途切れることなく続いて出土した。これほど大量の遺物がまとまって出土する遺跡は、ほかになかろう。

発掘調査での出土数を示すと、総計五六万九二五九点（総重量一・五九トン）、うち剝片・削片が五五万八七五三点で、九八・一五％を占める。石器類として、石刃二五〇二点、石刃核五四点、細石刃二六八八点、細石刃核六四点、両面加工石器とその破片三二七点、ファースト・スポール七〇二点、セカンド・スポール六四九点、細石刃核ブランク一三四点、舟形石器六三点、幅広の木葉形尖頭器五二点、彫器二五点、掻器七二点、削器一二六点、二次加工のある剝片一六五〇点、石錐七点、台石一点、石核一〇九点などがある（図19）。

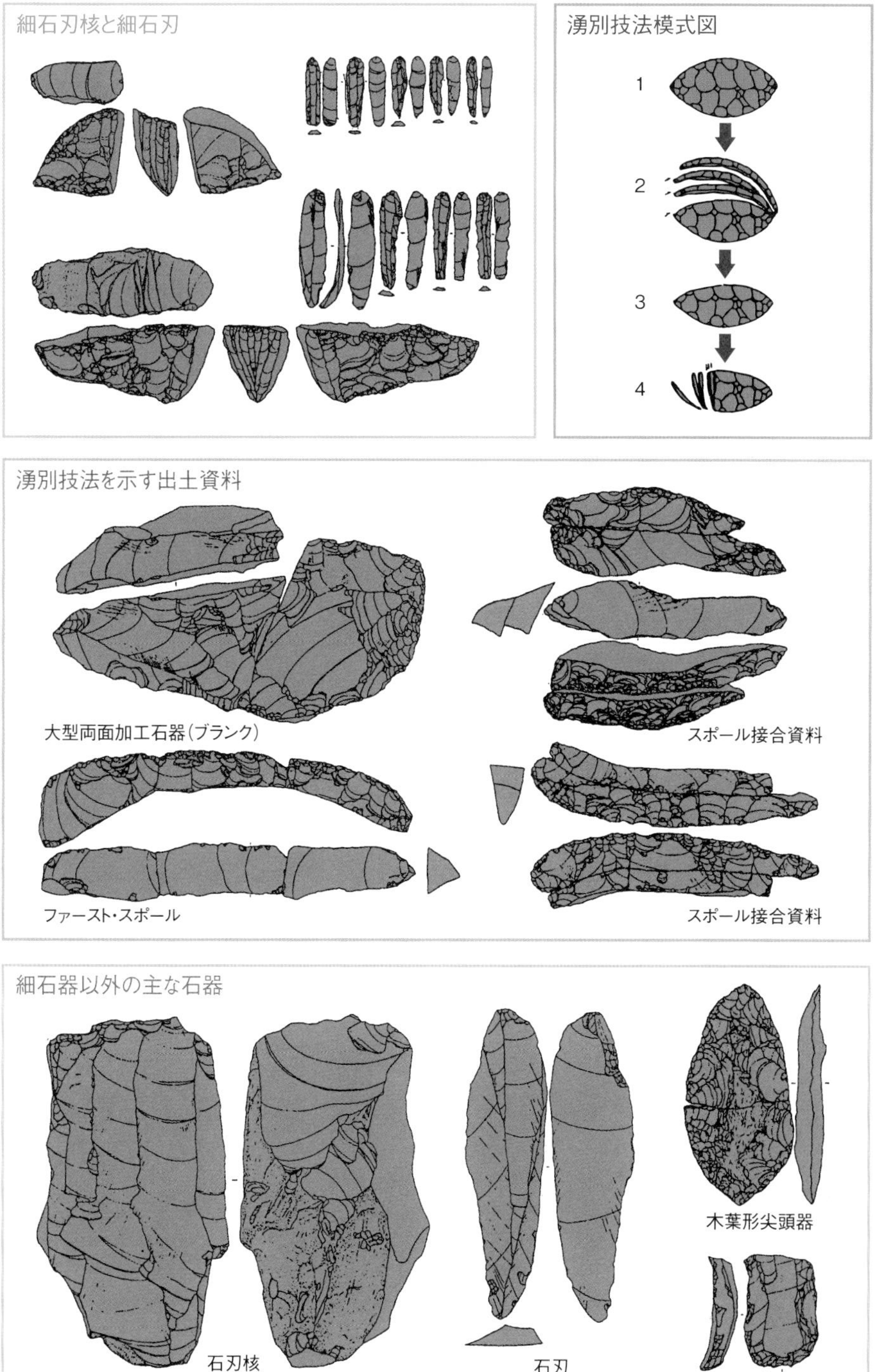

図19 ● 幌加沢遺跡遠間地点の石器群

後にくわしく述べるが、石材を運び込み、おもに細石刃を作るための細石刃核ブランクや細石刃を一時的に加工していた場所とみられている。ほかに山腹には八号沢黒曜石露頭近くの八号沢一遺跡をはじめ、同じような遺跡が数多く存在するが、発掘調査はおこなわれていない。

世界に知られる湧別技法

少々横道にそれるが、今後の話の展開のためにも少しばかり細石刃にまつわる話を紹介してみたい。

細石刃は長さ三〜五センチ、幅五ミリほどの短冊形をした石器である（図20）。表面に側縁と並行する一〜三の稜線をもつ。石刃をそのまま小さくしたようなものだが、幌加沢遺跡遠間地点のように、長さ八センチ、幅一センチを超す小石刃とでもいえそうな大きな細石刃もある。

細石刃核は、その細石刃を剥ぐためのものである。

細石刃の製作法、残された細石刃核の形態には、時代や地域の違いが認められるが、**図21**に、北海道でみられるいろいろなタイプの細石刃核を示した。北海道の細石刃核の多くは、横からみるとボートの形をしていることから「舟形（舟底形）」細石刃核、あるいは細石刃を剥がす作業面の正面観がクサビ形をしていることから「楔形細石刃核」と呼ばれる。先に使用した用語「甲板（面）」は、舟形のゆえ、剥離に必要な平らな打撃面を指す。

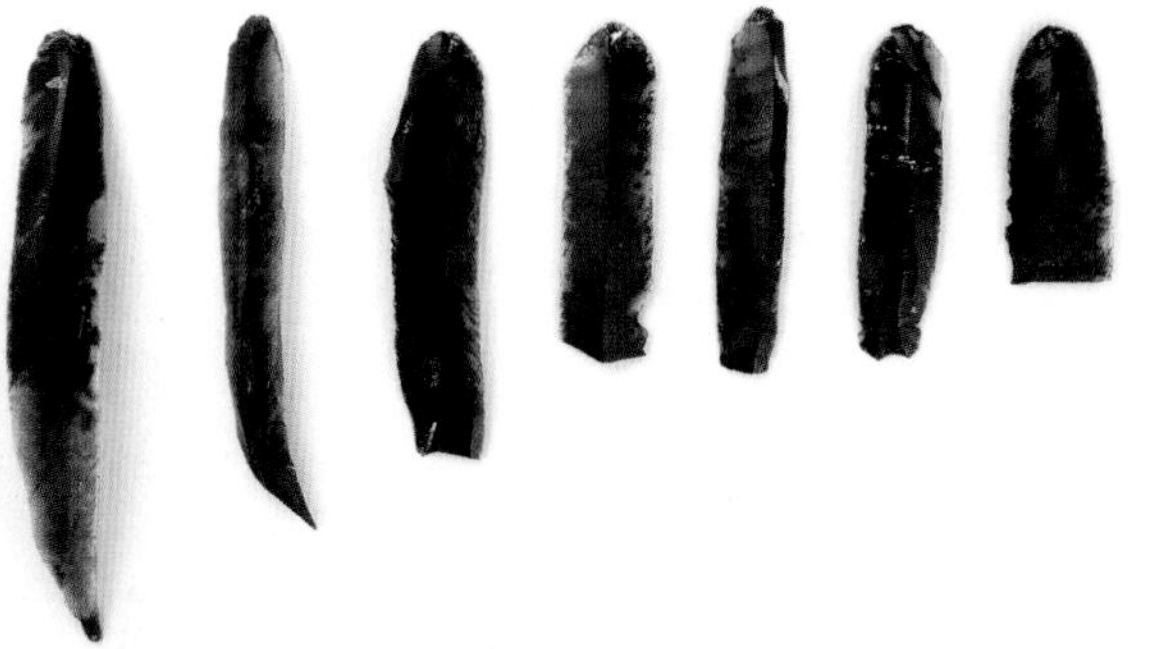

図20●幌加沢遺跡遠間地点出土の細石刃
両側に鋭い刃をもつ細長い短冊形をした細石刃は、かみそりの刃のように軸に埋め込まれて使われる。道具のパーツである。

幌加沢遺跡遠間地点から発見される細石刃核の多くは、「湧別技法」で作られた「札滑型《さっこつがた》」細石刃核である。この湧別技法は湧別川の名にちなみ芹沢長介、吉崎昌一によって名づけられたものであるが、世界にまで広く知られている。もっとも典型的な手順は、次のとおりである。最初に両面加工の大きな槍先形の石器（ブランク、母型）が用意される。その後、そのブランクが縦割りされる。平らで、適当な打面ができるまで繰り返される。この間に剥がされるのが、ファースト・スポールとセカンド・スポールである。

こうして、細石刃を量産するための舟形の石核ができあがる。最後に押圧剥離《おうあつはくり》の方法で、細石刃が連続的に剥がされていく。細石刃を剥がすまでたいへん手間がかかっているが、ひとたび細石刃が剥がされはじめると、同じ形の細石刃がたくさん作り出される計画性に富んだすばらしい技術といえよう。

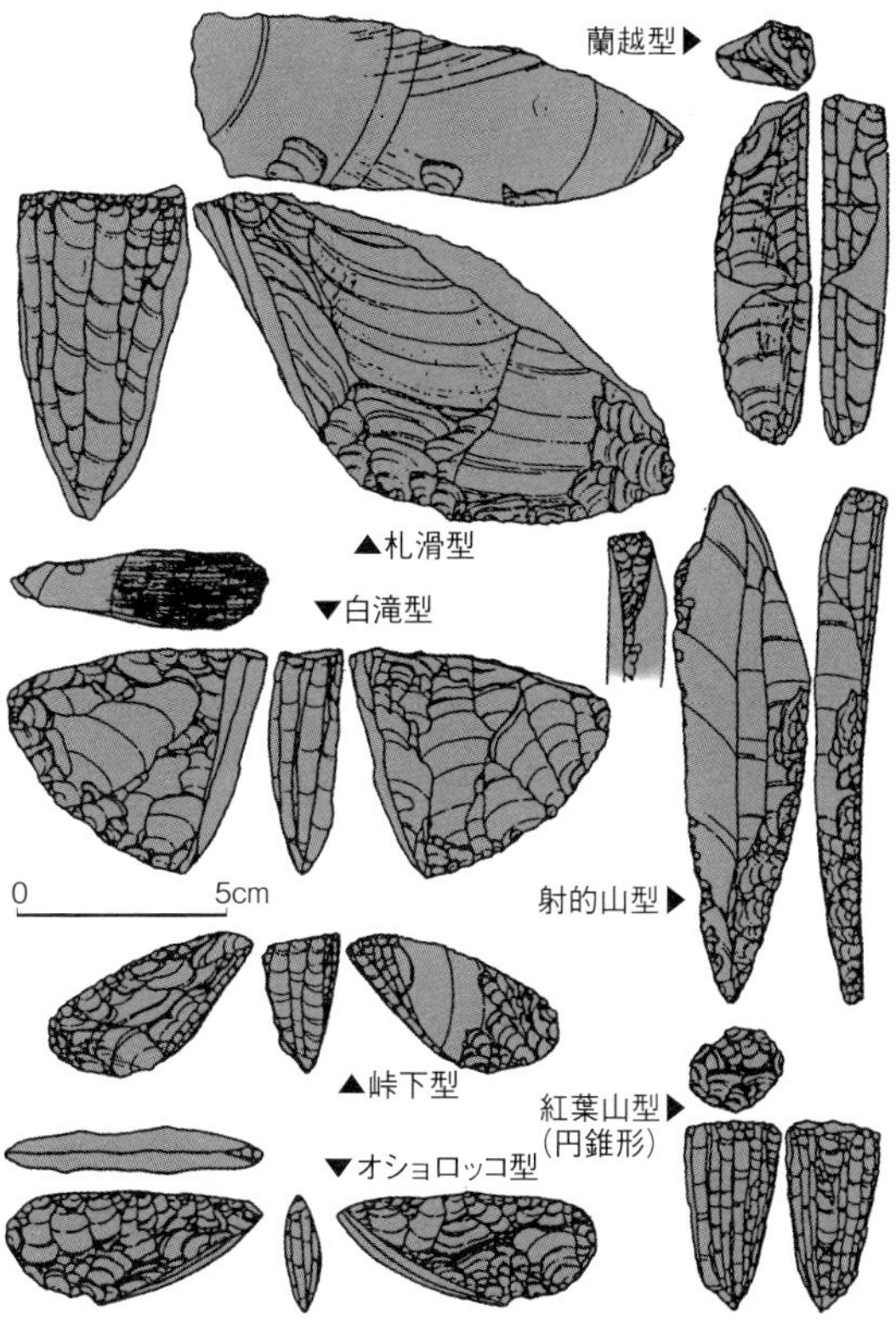

図21 ● さまざまな細石刃核
細石刃核の種類がこれほど多い地域は、世界にもめずらしい。シベリアなど北方に関連があるものも少なくない。

テクノコンプレックス

幌加沢遺跡遠間地点では、しばしば大きさ二〇〜三五センチもある巨大な槍先形のブランクが用意される。完全な槍先形をした巨石器はもちろん残されていないが、発掘品のなかには、その大きさに匹敵するファースト・スポールやセカンド・スポール、半割されたブランク、最終の姿をとどめる細石刃核などがまとまってみられる。この大きさこそが、「札滑型」細石刃核の特徴のひとつである。

　ところが、細石刃を生産するための湧別技法が、必ずしも教科書どおりに用いられたわけではなく、さまざまな技術上のヴァリエーションをもっている実態が、発掘品を通して明らかになってきた。槍先形の両面加工石器を作るという手順にこだわらず、舟形や三角柱の素材を必要に応じてうまく利用し、最後同じような細石刃の生産に至るという例が少なくない。結果として、従来「ホロカ技法」（ホロカ型細石刃核）、あるいは「美利河《ぴりか》技法」（美利河型細石刃核）として区別さ

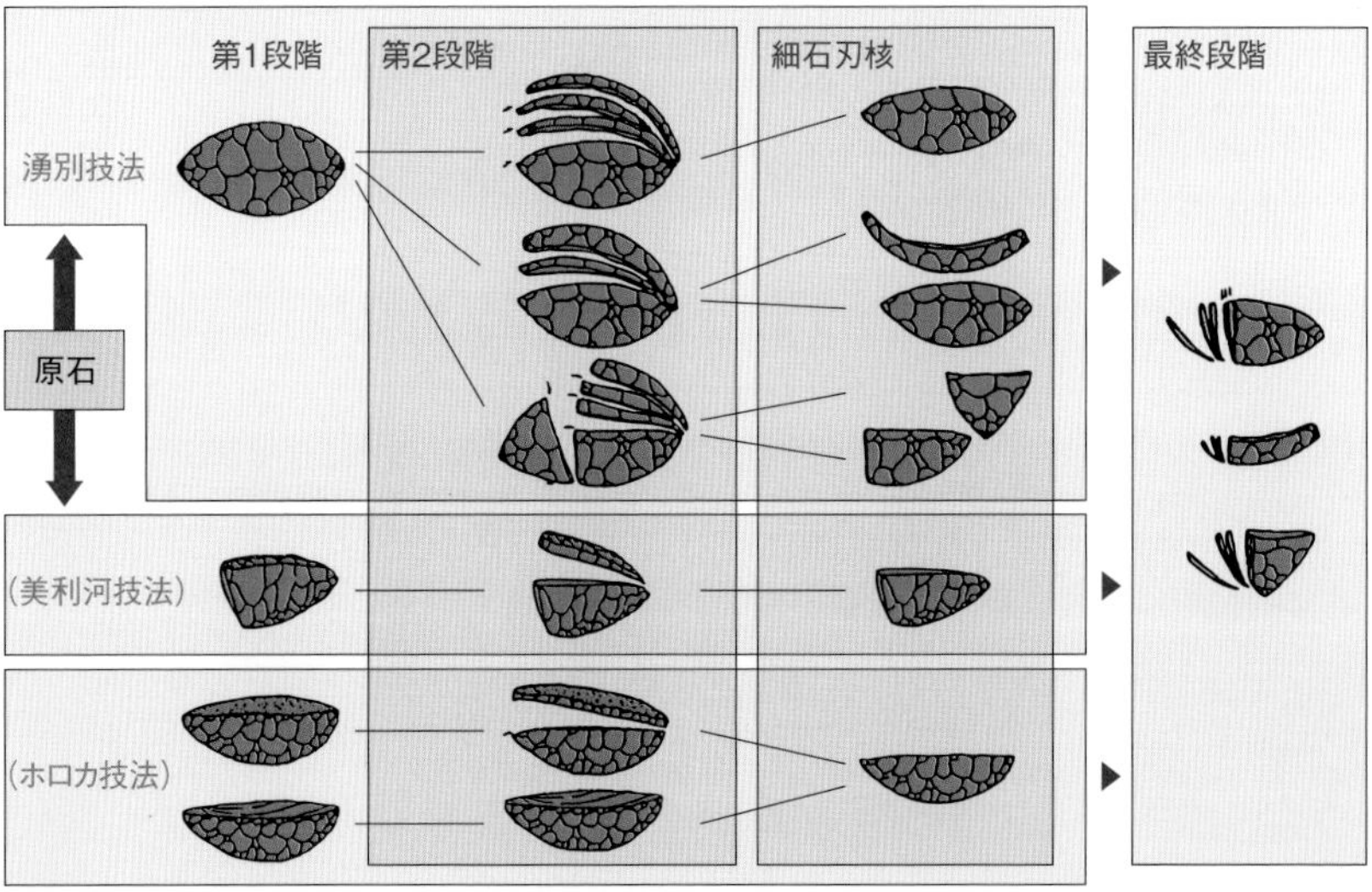

図22●細石刃の生産工程「幌加・湧別テクノコンプレックス」
大型の両面加工石器から細石刃を作り出す工程を一般に湧別技法と呼んでいるが、実際には異なる工程をも含むことがわかってきた。

れてきた製作工程（資料）を含み、それぞれが相互に結びつきながら同じ時代に存在したと理解された。互いに連関しながら存在するこの技術体系を「幌加・湧別テクノコンプレックス」と呼んだ（図22）。

なお、同じ湧別技法によって作られた細石刃核でありながら、「札滑型」細石刃核と区別されるもうひとつのタイプが知られている。「白滝型」細石刃核である。「札滑型」が大型であるのに対し、「白滝型」がやや小型・薄手で、甲板面に特徴的な擦痕《さっこん》を残す。この擦り傷がどのようにしてつけられたのか、十分に解明されていないが、舟の甲板面に相当する細石刃を剝ぐための打面に残されていること、あるいは黒曜石だけにみられることから、細石刃を剝がす時に工具が滑らないようにした工夫ではないかと、推測している。

細石刃と植刃尖頭器の機能

道具として実際に使用されるのは細石刃であるが、これひとつでは役に立たない。骨や角、木でできた

図23 ● 幌加沢遺跡遠間地点の「幌加・湧別テクノコンプレックス」を担う「札滑型」細石刃核（上）と舟形石器（下）
上は高さ6cm・幅13.3cm・厚さ4.2cm、下は高さ6.4cm・幅31.5cm・厚さ5.7cm。「札滑型」細石刃核は、高さが7～10cmと概して大きいが、ファースト・スポールを利用した小型のものもある。舟形石器は、しばしば「ホロカ型」舟形石器と呼ばれるもので、左端に細石刃剝離を試みようとした剝離痕が残されており、細石刃核ブランクであろう。

軸の片側、あるいは両側に溝を彫り、その溝にたくさんの細石刃を並べ、大きな槍やナイフに仕上げる（**図24右**）。

ヤニやアスファルトのような接着剤で固定したと思われるが、接着剤を使わずに、煮沸して柔らかくなった軸に埋め込むだけの簡便な方法もあったとみられる。

細石刃が埋め込まれてできたこのような道具を、組合せ道具、あるいは植刃《しょくじん》尖頭器（槍先）という。日本では、遺跡から動物の骨など有機質の遺物が発見されることはきわめて稀で、旧石器時代の人びとがどのような道具で、どのような動物を捕獲していたか、多くは不明である。しかしシベリアでは細石刃を溝に残した骨角製の植刃器（**図24左**）が出土しているし、獲物の体内にその一部が突き刺さったままの貴重な使用例も発掘されている。もちろん、大量に発見される動物遺存体から人びとの食生活の一端までもが復元できる。

図25は、西シベリアのルーゴフスコエ遺跡で、マンモスや毛サイ、野牛、トナカイなど大量の骨とともに発掘されたマンモスの胸椎である。その椎骨には、軸部そのものはすでに失われ

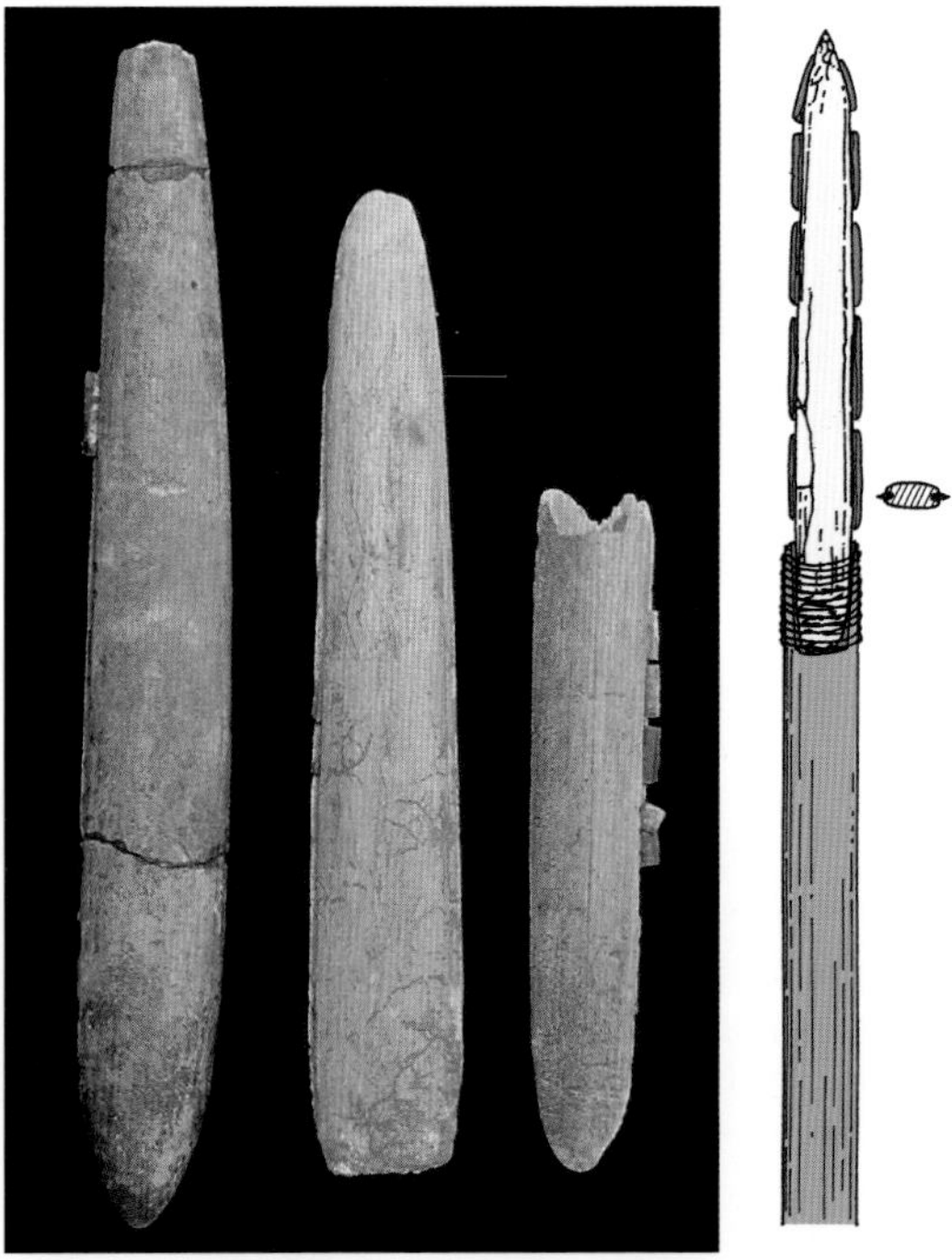

図24●植刃尖頭器
右は復元推定図。先端軸部は後方バイカルのオシュルコヴォ遺跡出土、鹿角製。左3点はシベリア・エニセイ河流域のリストヴェンカ遺跡出土、鹿角製。

図25 ● **マンモスの胸骨に残された植刃尖頭器**
西シベリア・ルーゴフスコエ遺跡。「マンモスの墓場」と呼ばれる湿地から大量のマンモスの骨などとともに発見された推定22歳のマンモスの椎骨。当時の狩りの様子を示す資料はとても貴重である。

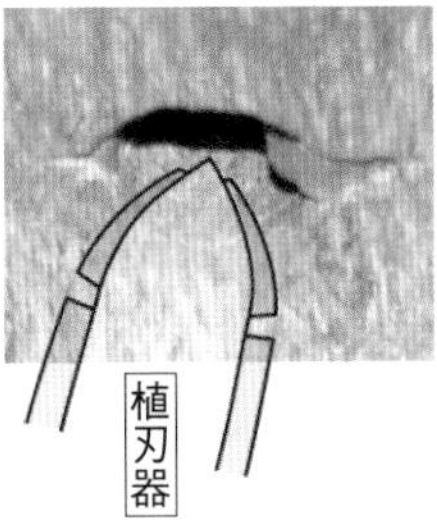

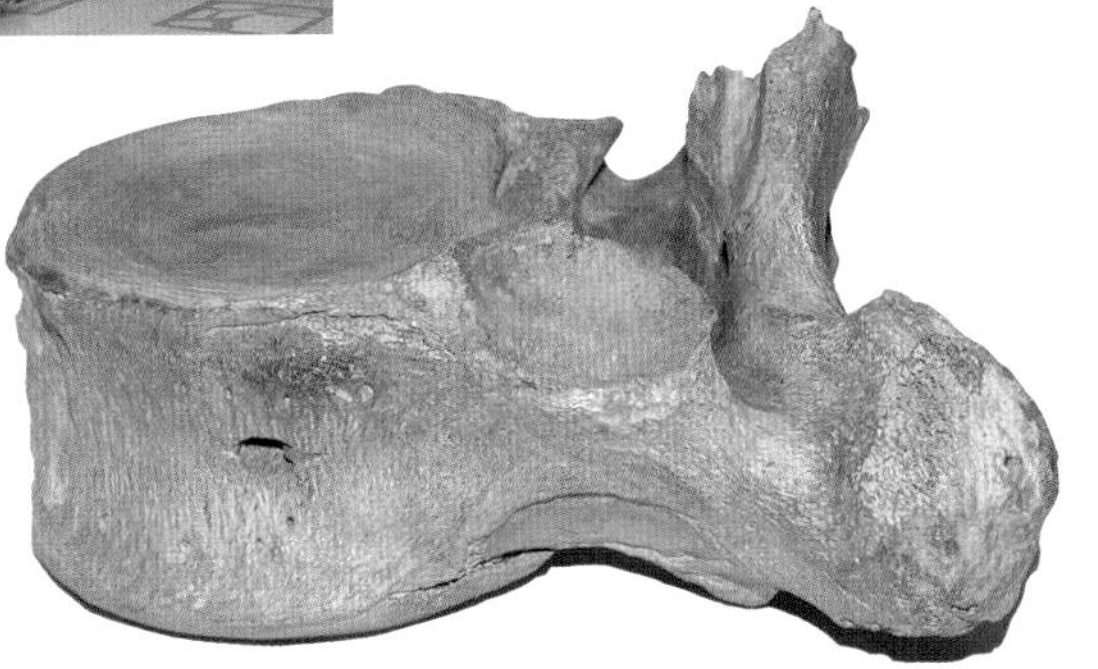

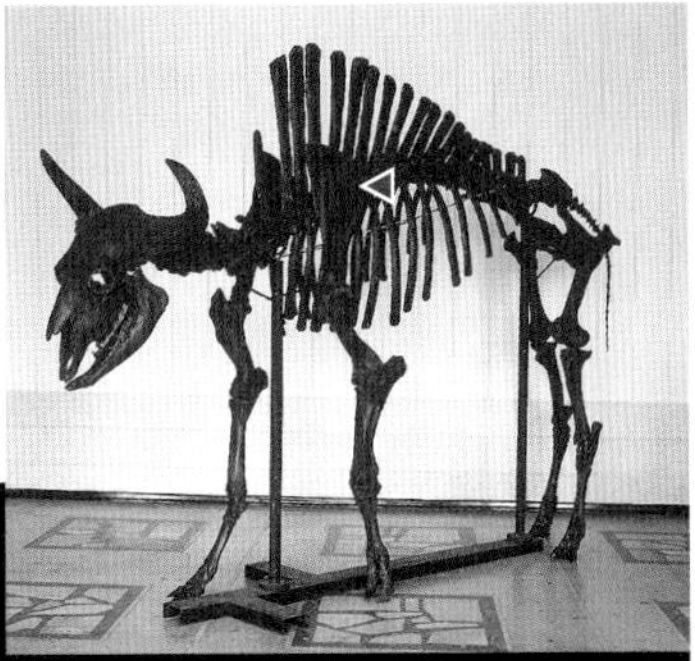

図26 ● **野牛の肩甲骨に突き刺さった植刃尖頭器器**
ココレヴォⅠ遺跡。体高およそ2m、推定5歳以上の野牛に真横から放たれた植刃尖頭器は肩甲骨を射抜いている。それでもすぐには絶命しなかったらしく、骨にしばしの生活反応がみられる。

ているが、植刃尖頭器の刺突痕《しとっこん》がそっくり残されている。植刃器の先端部が円錐形で、貫入部付近で断面は楕円形を呈していることがわかる。その両側には、植刃された二枚のフリント製細石刃が嵌入したままの状態で残されている。植刃尖頭器がマンモスハンティングに用いられたことを示す確かな資料である。

なお、この遺跡はマンモスの骨が九八%を占めることから「マンモスの墓場」ともいわれているが、塩分と水分を豊富に貯えたぬかるみで、動物を引き寄せた「ヌタ場」、すなわち「自然の罠」とみなされている。マンモスの椎骨は、推定二二歳以上のメス成獣と調べられている。骨による放射性炭素年代からおよそ一万二〜三〇〇〇年前のものとされている。

西シベリアのココレヴォI遺跡においても、推定年齢五歳以上、体高およそ二メートルの野牛の肩甲骨に突き刺さったまま植刃尖頭器の先端部が発見されている（図26）。いずれも、その威力を示す貴重な資料であり、狩猟技術が飛躍的に進んだことをうかがわせる。

3　湧別川流域の大遺跡群

河岸段丘上に立地する遺跡

冬の難所の北見峠を避けて旭川から上川、白滝、遠軽を通ってオホーツク海に抜ける高規格道路が、旧白滝村市街地の南に連なる河岸段丘のへりに沿って建設されることが決まった。すでに紹介したように、白滝村には一〇〇カ所以上の遺跡が知られているが、その大半はこの湧

◀図27●湧別川流域の河岸段丘上に展開する白滝遺跡群
湧別川に作り出された標高およそ400mの段丘上には、
大規模な遺跡群が連なる。

白滝第 30 地点
北支湧別 4
上白滝 7
上白滝 6
上白滝 5
上白滝 2
上白滝 8
湧別川
奥白滝 1
服部台 2

別川流域の河岸段丘上に立地する。また新たな遺跡の発見も予想されるなか、一九九五年以降、北海道埋蔵文化財センターの手で発掘が続けられた(図27)。

上流から下流へ奥白滝一一遺跡、服部台二遺跡、奥白滝一遺跡、上白滝八遺跡、上白滝二遺跡、上白滝五遺跡、上白滝六遺跡、上白滝七遺跡、北支湧別四遺跡、白滝四遺跡、白滝第三〇地点遺跡、白滝八遺跡、白滝一八遺跡、白滝三遺跡、下白滝遺跡、旧白滝五遺跡、幌加沢Ⅰ遺跡、旧白滝一遺跡、旧白滝三遺跡、旧白滝一五遺跡、旧白滝一六遺跡で発掘調査がおこなわれ、調査面積の総計八万平方メートル余、出土した石器・剥片など総計七四八万点、総重量一〇トンに達するという。

かつて、吉崎昌一や白滝団体研究会、明治大学考古学研究室などがおこなった白滝での発掘調査は、研究史上に多くの業績を残してきた。しかし残念ながら、いずれもが小規模であったため、実際の様相については不明な点が多かった。それゆえ、この近年の大規模発掘の成果によって研究は大きく一新されることとなった。

すなわち、それぞれに石器の集中するブロックが検出されており、また火を焚いた痕跡であろうか、炭の粒が集中するブロックも多数検出されている。段丘上に展開された当時のムラの様子が徐々にではあるが解明されつつある。

流域遺跡の編年

これらの遺跡や遺物集中ブロックが一時期に残されたものでないことはいうまでもない。年

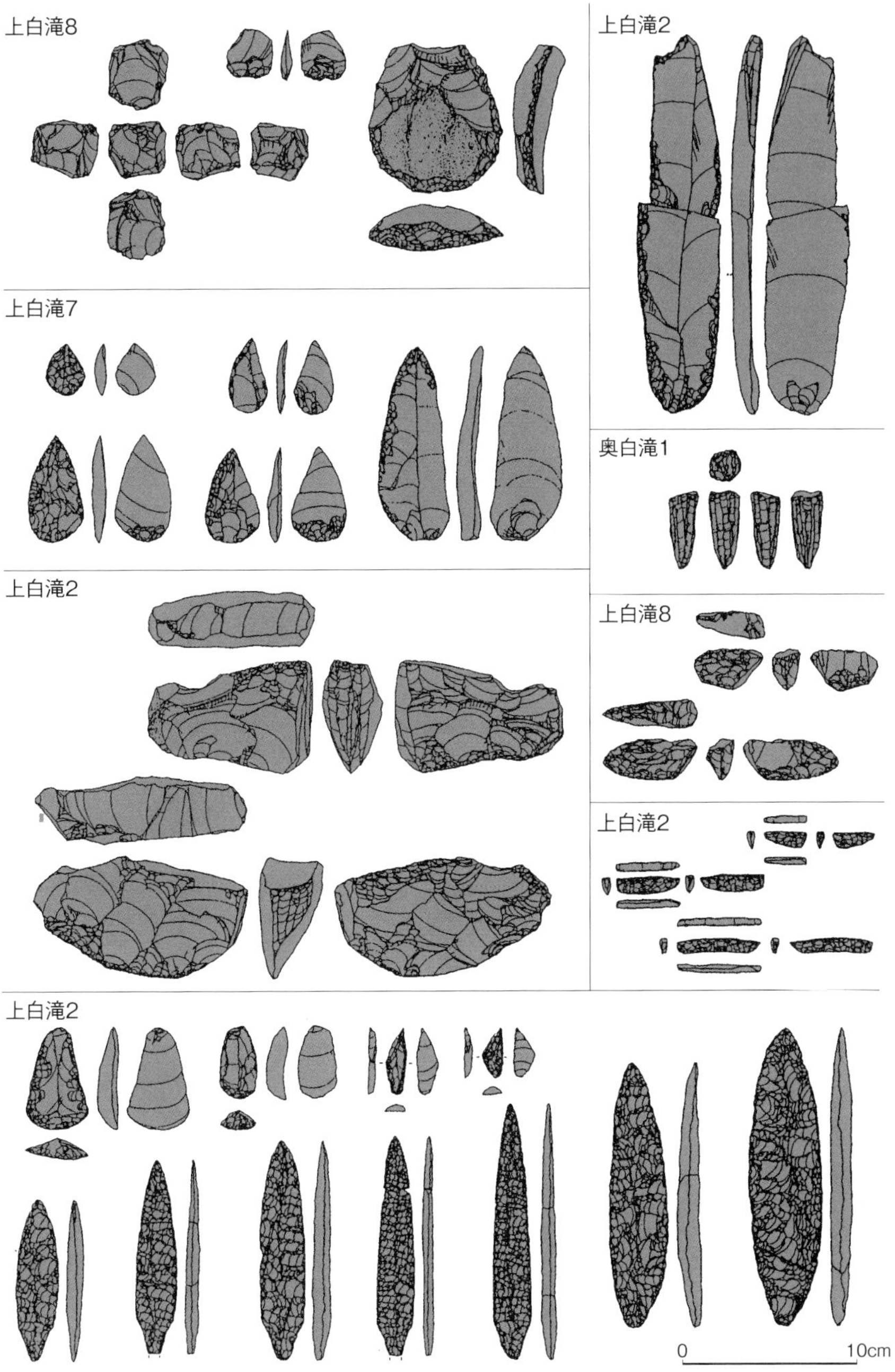

図28 ● **白滝遺跡群のおもな出土遺物**（『北埋文報』2001より）
大規模発掘調査でさまざまな石器の組み合わせをもつ石器群が明らかにされている。
調査者は、およそ上から下に変遷したものと考えている。

代を決める決定的な証拠に乏しいが、およそ二万五〇〇〇年前から一万年前の長期間にわたって利用されつづけてきた結果のものであろう。

図28は、北海道埋蔵文化財センターによる上流域の調査で明らかにされた各石器群のおもな組み合わせと編年案である。およそ図の上から下へと変遷することが示されている。

すなわち、

①「台形様石器」とわずかに二次加工や微細剥離痕を残す剥片石器類、粗雑な掻器類を特徴とする石器群（上白滝八遺跡の15ブロックなど）

②「広郷型《ひろさとがた》」ナイフ形石器を特徴とする石器群（上白滝七遺跡のブロック4〜10）

③幌加沢遺跡遠間地点と同じ大型石刃と「札滑型」細石刃核を特徴とする石器群（上白滝二遺跡の3〜6・10のブロックなど）

④有茎尖頭器を含む尖頭器を主体とする石器群（上白滝二遺跡の1・2・15ブロックなど）

である。

また、これまでもっとも新しい石器群とも考えられていた円錐形・砲弾形の「紅葉山型《もみじやまがた》」細石刃核を特徴とするブロックが奥白滝一遺跡、白滝服部台二遺跡で検出され、それほどに新しい段階のものでないことが示されている。

層位に上下の違いがあると年代の序列も決定できるのであるが、残念ながらそのような例はここでは少なく、下流域の例を含めて多くはない。むしろ、寒冷気候の支配にあったためか、遺物はかなり上下に移動して、そもそもの位置を失っていることが知られている。凍結擾乱作用である。結局、石器の型式や組み合わせの特徴に頼らざるを得ないのが実情であり、ブロック間や遺跡間の同時性など年代の問題を含めて今後なお検証していく必要がある。

図29は、これまで筆者が明らかにしてきた北海道の編年案を基礎に、あらためて整理しなおした白滝遺跡群に関する編年私案である。

紙数の都合で、くわしい説明をすることはできないが、およそ三つの時期に分けて白滝遺跡群の変遷をたどることができそうである。すなわち、細石刃出現以前（前葉）、細石刃盛行期（中葉）、有茎尖頭器出現以後（後葉）の三時期である。

年代	時代		石器群の特徴	遺跡（ブロック）
およそ12000年前	後期旧石器時代	後葉	有茎尖頭器をともなう石器群	服部台遺跡、上白滝2遺跡（1・2・15ブロック）、上白滝6遺跡、北支湧別4遺跡、白滝第18地点、白滝第30地点、旧白滝15遺跡、ホロカ沢Ⅰ遺跡、旧白滝1遺跡、旧白滝3遺跡、旧白滝15遺跡
			「オショロッコ型」細石刃核と有茎尖頭器をともなう石器群	白滝第4地点、白滝第30地点、旧白滝15遺跡
			「射的山型」細石刃核をともなう石器群	上白滝2遺跡（9ブロック）、旧白滝1遺跡、旧白滝3遺跡
			「紅葉山型」細石刃核をともなう石器群	奥白滝1遺跡（7〜10ブロック）、服部台2遺跡
およそ15000年前		中葉	「白滝型」細石刃核をともなう石器群	服部台遺跡、白滝第30地点
			「峠下型」細石刃核をともなう石器群	上白滝8遺跡（14〜19ブロック）、白滝第30地点、旧白滝1遺跡、旧白滝15遺跡
			「札滑型」細石刃核をともなう石器群	幌加沢遺跡遠間地点、八号沢1遺跡、服部台遺跡、白滝遺跡(第13地点)、白滝第33地点、白滝第32地点、上白滝2遺跡（3〜6・10ブロック）、白滝8遺跡?、ホロカ沢Ⅰ遺跡?
およそ23000年前		前葉	「広郷型」ナイフ形石器をともなう石器群	上白滝7遺跡（4〜10ブロック）、上白滝8遺跡（61ブロック）
			不定形剝片石器・「台形」様石器・掻器などをともなう石器群	奥白滝1遺跡、上白滝8遺跡、旧白滝16遺跡

図29 ● **白滝遺跡群の編年私案**
これまでに明らかにしてきた北海道の編年案などを考慮しつつ白滝遺跡群の編年を示したが、個々の石器群については年代の確定しているものは少ない。

第4章　人類の活動と白滝産黒曜石

1　白滝産黒曜石との出会い

北海道最古の旧石器文化と白滝

世界史的にみると、人類と黒曜石の出会いは想像以上に古い。道具として黒曜石を利用した確かな例は、少なくともヨーロッパでいう前期旧石器時代のアシュール文化にまでさかのぼる。南オセチアのクダロ洞穴から出土したハンドアックス（握斧《あくふ》）がよく知られている。図30はアルメニアのサタニダール遺跡採集の例である。いまから二〇万年ほど前のものである。

日本列島では、これほどに古い旧石器文化は発見されておらず、人類と白滝産黒曜石との出会いは、かなり後のことになる。北海道の旧石器文化の変遷についてもまだまだ不明な点が多いが、白滝遺跡群の編年案と同様におよそ細石刃出現以前（前葉）、細石刃盛行期（中葉）、有茎尖頭器出現以後（後葉）の三時期に区分して考えることができる。

これまでの研究によると、早くも初期の段階から、白滝産黒曜石が利用されていた。しかしその一方で、本格的開発には至っていなかったらしい点も強調せねばならない。

先述のとおり、「台形様石器」や不定形剝片を剝ぐ各種石核をもつ石器群、あるいは「広郷型」ナイフ形石器を特徴とする石器群が検出され、北海道の後期旧石器時代に属する初期石器群とされる一群が白滝にまで及んでいたことが明らかとなった。

しかしながら、人類による湧別川流域への進出は、それほど大規模なものではなかったらしく、遺跡数は少なく、ブロックの大きさも小さい。比較的まとまって出土した上白滝七遺跡でも、ブロック四～一〇の剝片類あわせて八六〇〇点ほどである。原産地に立地する遺跡としては、それほど多いとはいえない。

しかも、奥白滝一遺跡の例でみると、丸瀬布町ケショマップ産の黒曜石も含まれている。母岩別に整理され、接合・復原された石材もみられるが、それらは表面全体が丸く磨かれ、月面のクレータ状の傷痕を残す河原礫が多く、一部角のとれた亜角礫が含まれる。つまり、原石地の露頭の石とは異なり、その塊の大きさも概して大きくない。

かつては湧別川本流、あるいはその付近でごく普通に拾うことのできたものである。人類が白滝の黒曜石と出会った確かな証拠であるが、森深くの露頭にまで進出することなく近場で入手したものである。

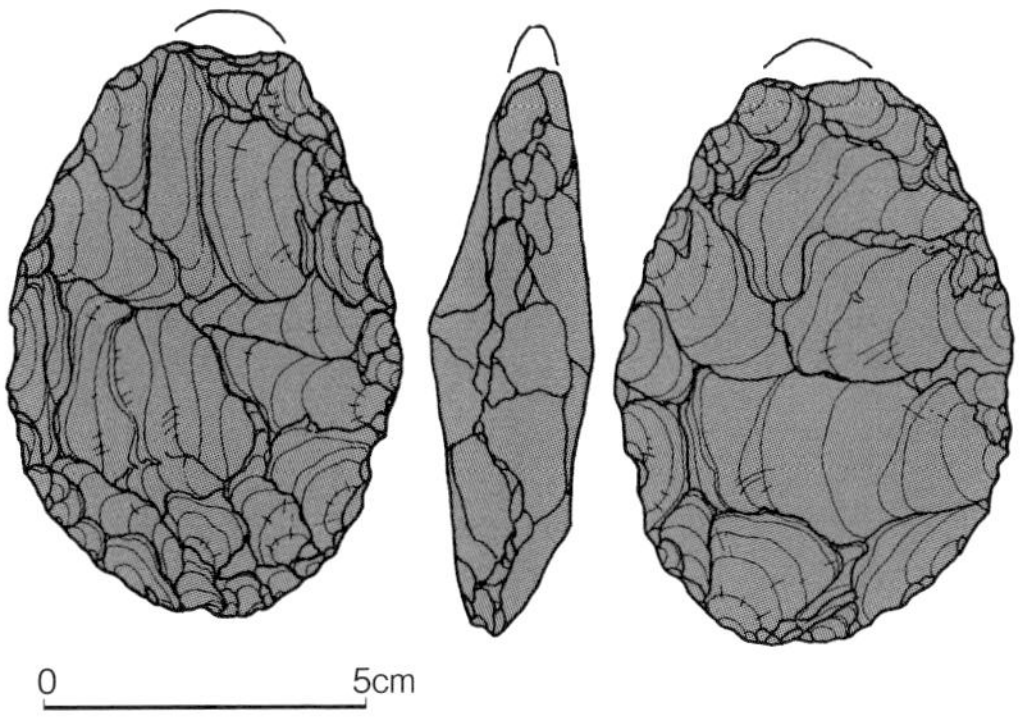

図30 ● 世界最古？の黒曜石製ハンドアックス
いまから20万年前のもの。アルメニア・サタニダール遺跡。

ところで、これらの石器群は、従来、北海道最古の文化に属するとされてきた上士幌《かみしほろ》町嶋木《しまき》や清水町共栄《きょうえい》三、帯広空港南A、千歳市祝梅三角山《しゅくばいさんかくやま》・丸子山《まるこやま》・美々《びび》五、苫小牧市美沢《みさわ》一・五・一〇、千歳市柏台《かしわだい》一などの石器群におよそ対比できる。不定形剥片石器、あるいは不定形ナイフ、台形石器などをともなう石刃技法が本格的に発達していない石器群とみられてきた仲間である。二万年以上前の石器群である。ただし、年代的に近接する石刃技法、あるいは細石刃技法をもつ石器群とどのように関係するのか、文化の性格はいまひとつはっきりしていない。

初期の黒曜石利用状況

図31は、北海道の旧石器文化の石器群にみられる黒曜石の利用状況を示した図である。円グラフの上半には、遺跡から出土した遺物総数に対する石材別構成比を示した。ただし、上半の総数は、集中区、あるいは石器のみの場合がある。また下半には、フィッション・トラック法、蛍光X線分析法などによって明らかにされた黒曜石試料数に対する原産地別構成比を示した。分析例が少なく、今後いっそうの増加が望まれるが、およその傾向を読み取ることができよう。

それによると、初期の段階に属する嶋木、共栄三、上似平《かみにたい》二など十勝地方の各遺跡は、全体の九割以上、石材の大半を黒曜石に依存する。おもに十勝（三股）産で、わずかに美蔓《びまん》産が含まれる。産出地美蔓も、同じ十勝管内、近間での石材調達を基本としていたことがうかがえる。

一方、道央での石材構成は、十勝のそれとやや違う傾向を読みとることができる。

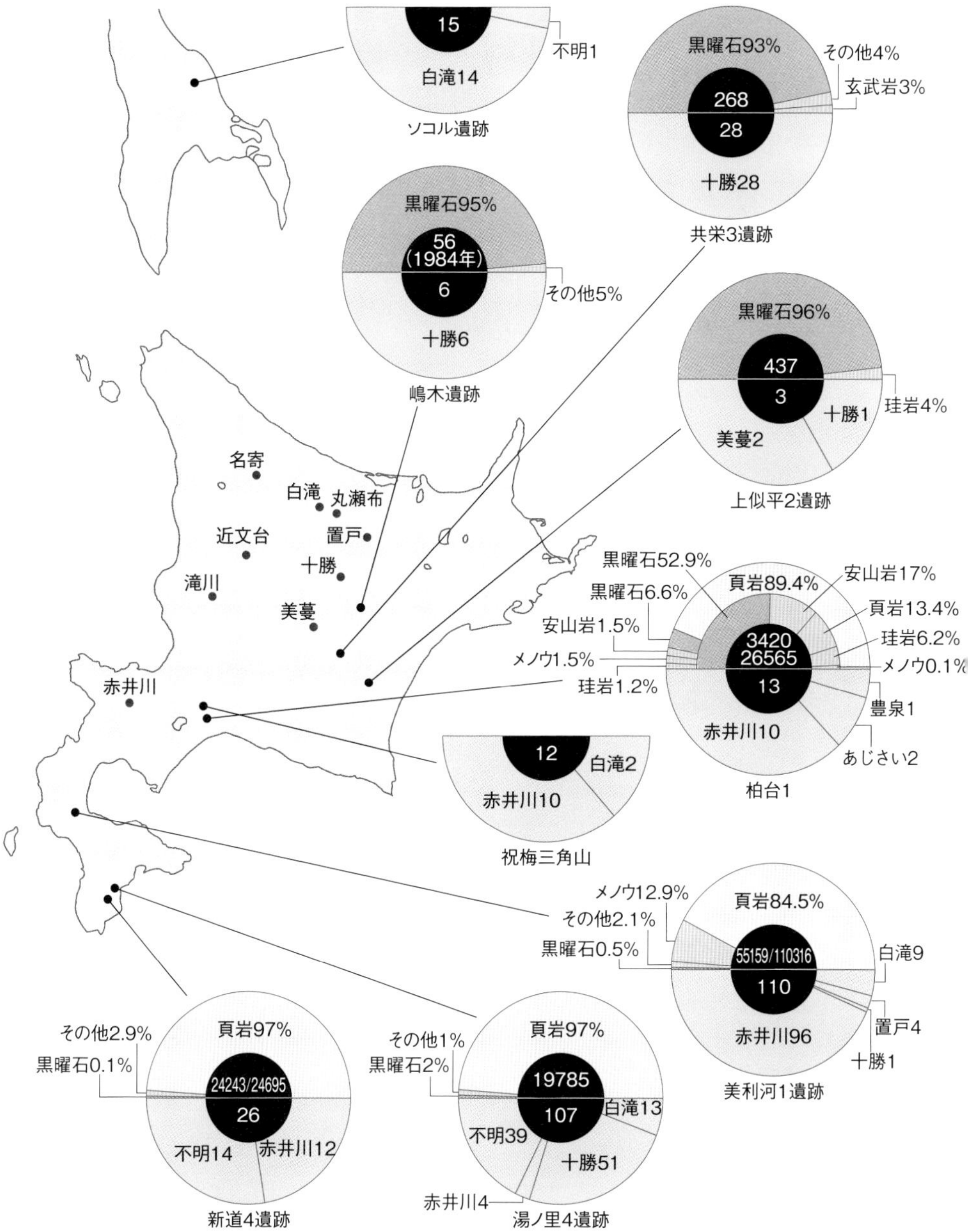

図 31 ● 北海道の旧石器時代における黒曜石の産地別利用状況

上半円：出土遺物（円内数字）の石材別割合（%）。
（柏台 1 については、上が不定形剝片期、下が細石刃期）
下半円：黒曜石の産地別割合（円内の数字は検定数、単位は点数）。
地図中の●印は黒曜石の原産地。

千歳市柏台一遺跡で、この時期の資料がまとまって発掘されている。ここでは、一五の石器集中地点が恵庭《えにわ》a降下軽石層（一万七〇〇〇年前頃）の下層より検出され、「蘭越型《らんこしがた》」細石刃核・細石刃をともなう七つのブロックと、不定形剝片石器・掻器をともなう八つのブロックが識別された。放射性炭素年代において一万八八〇〇～二万〇七〇〇年前に集中する細石刃石器群より、二万〇三〇〇～二万二三〇〇年前を示す不定形剝片石器群が古いとみなされている。

その古い不定形石器群の関連ブロックについてみると、黒曜石を基本としながらも、石材の構成はいくらか多様な傾向を示している。また、黒曜石の産出地は、分析一三点中、赤井川産が一〇点、白滝（あじさいの滝）産が二点、豊泉《とよいずみ》産が一点である。黒曜石の調達は、近接した赤井川でおもにおこなわれていたことがわかる。

黒曜石が大半を占める祝梅三角山遺跡でも、産地の分析結果は似た傾向を示している。点数こそ多くはないが、二〇〇キロほど離れた遠隔地の白滝産黒曜石（赤石山）が含まれている。

ところで、地域や遺跡の違いを越えて共通する注目すべき事実がある。すなわち、石材として拳大ほどの円礫（河原石）が用いられている点である。第一次調整の段階に剝された剝片は、河原石特有の表皮をとどめている。なかには剝片や石核が接合し、本来の円礫の姿にまで復原された例もみられる。河川流域で採取し、利用したものであろう。

「現地調達」方式

黒曜石について限ると、この時代、北海道の代表的な産地、十勝、赤井川、そして白滝のものが利用されているが、遺跡で主体となる石材は、およそ一～二の産地に限られている。しかも、原産地の露頭での本格的な採掘・採取をおこなっていた証拠はない。

この時代の石材入手は、採集可能な身近な河原の転礫にほとんどが依存していた。各遺跡にみられる石器素材の利用形態、あるいは石器製作技術の共通性を考慮すると、遠隔地の石材利用についても、同じ入手システムでおこなわれていたとみるのが自然である。すなわち、移動ルートのなかでみずからが獲得、補給していた、と推測できる。「現地（直接）調達」方式による石材獲得とでも呼ぶのがふさわしい（**図32**）。この時代、黒曜石獲得に必要な交換などのネットワークが未発達であったためと思われる。

なお北海道のこの旧石器時代前葉の石器群は、石器らしい石器が少ない。石器組成がやや不安定で、不定形剝片の周辺の簡単に二次加工を施した「小型不定形石器（ナイフ）」もしくは「切り出し形（台形様）ナイフ」と、若干の尖頭器、彫器、削器が目立つ程度である。それらとて定形的な石器とはいいがたい。石器消費量も概して低い。石器総数がおよそ

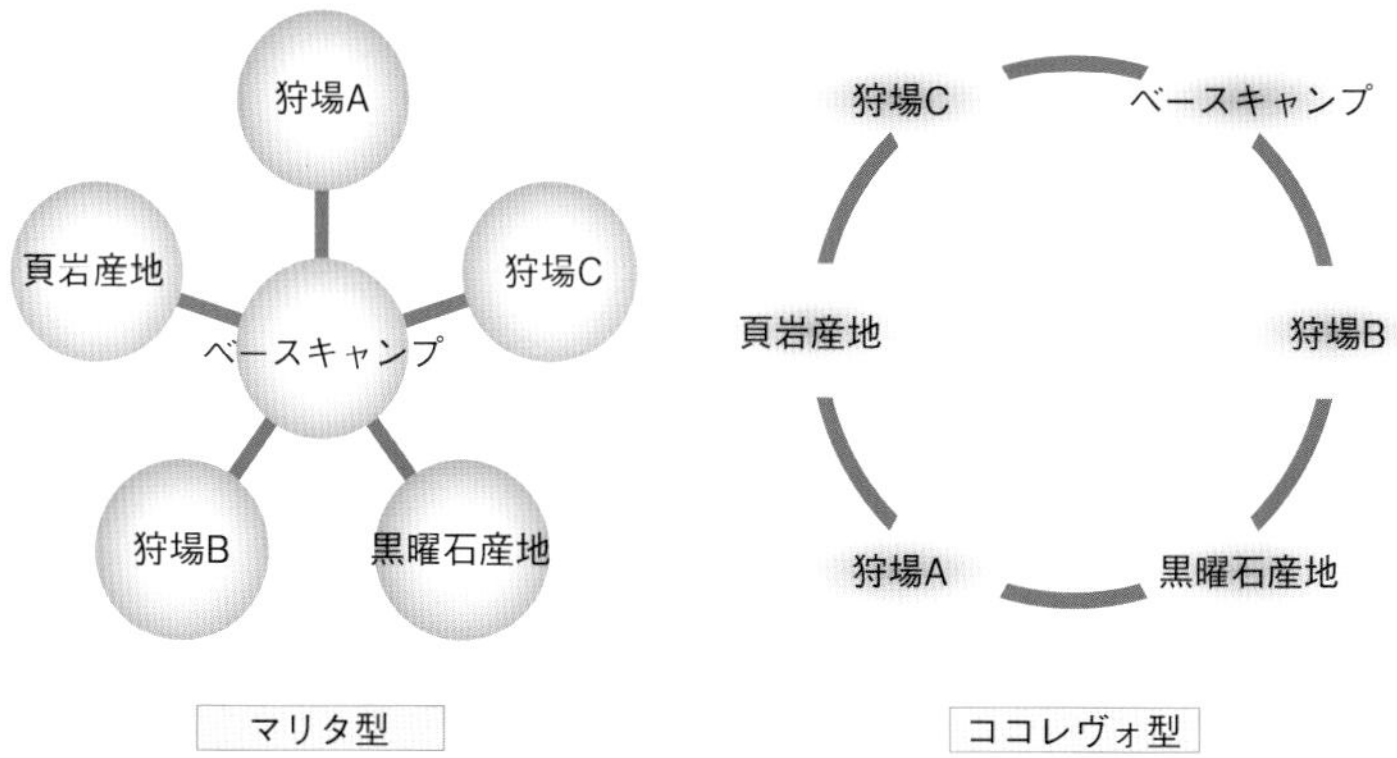

図32●遺跡から推定される旧石器人の行動パターン
シベリアの資料の分析から、拠点的な集落を営んで兵站的に移動するタイプ（マリタ型）と、一定のコースを一定の期間で循環しながら移動するタイプ（ココレヴォ型）が知られるが、黒曜石の「現地調達」方式は後者に近い。

の滞在期間を反映すると仮定すると、小規模な集団が比較的短い期間で移動する遊動性の強い石器群といえよう。

これまで、それぞれの遺跡における石器組成は、石器群全体の様相を示していないと考えてきたが、いくつかの遺跡が組み合わさってはじめて全体像が示されるのであろう。多くは、食料採集や狩猟メンバーの周期的移動の方向を示すもので、狩場付近での一時的滞留（キャンプ）と必要不可欠な道具の刷新・一新の跡であったとみなされる。

2 露頭の開発と流域の分業システム

旧石器時代の変遷と白滝産黒曜石

旧石器時代中葉から後葉に至って、石刃や細石刃の本格的な生産と結びつきつつ、黒曜石を求める集団が大きく動きはじめる。寒冷・乾燥した草原のなかにグイマツ（今日ではサハリンや沿海州などに生育するカラマツ属）などの樹木がわずかながら生える周氷河性の環境下で、眩しく光る巨大な岩壁がますますよくみえたためか、あるいはより良質で大きな石材を必要とする石器製作上の要請からか、おそらくその両者をおもな原因として導かれたものと理解するが、赤石山山頂付近の露頭が本格的に開発されはじめる。山腹での大規模な遺跡が出現しているし、さらに旧石器人が山頂にまで達していたことも突き止められている。

同じく、湧別川流域の白滝村付近に大規模な遺跡が集中する時期でもあり、白滝の黒曜石原産地の重要性が増したことは疑いない。さらには、これら遺跡を介して全道各地、サハリンにまで白滝産角礫素材の黒曜石が広がる。

ところで、北海道における旧石器時代の遺跡は、黒曜石の産出地と関係する湧別川流域、常《とこ》呂川《ろがわ》・無加川《むかがわ》流域、十勝川流域、余市川流域に大半が立地している。なかでも、湧別川流域の白滝、丸瀬布、遠軽に展開する遺跡の数、そして規模の大きさは、ほかの地域を圧倒している。

先に石材の利用状況について、理化学的に分析された黒曜石の産地別比率を示したが、白滝産の出現頻度が高いことにも注目したい。中葉に相当する一一遺跡のうち、一〇遺跡で白滝産黒曜石の出土が確認されている。すなわち、分析された大半の遺跡において白滝産黒曜石が認められるわけで、旧石器時代の中葉以降に特別な位置を占めていたことは疑いない。

事実、赤石山山頂部、山腹、湧別川流域の河岸段丘上に一〇〇カ所以上の遺跡があると紹介したが、その多くの遺跡でこの時期の石器ブロックが検出されている。

標高差にあらわれる遺跡群の様相

赤石山の原産地付近、あるいは湧別川流域に集中する世界的な遺跡群について、概略を紹介してきたが、くわしく観察すると、標高の差に応じて様相が異なるらしいことが、徐々に明らかになってきている。あらためて要約すると、次のとおりである。

①標高八〇〇メートル以上の露頭と遺跡　黒曜石の露頭は、標高八〇〇メートル以上に位置する。山頂部および周囲に露出するあちこちの露頭において、粗雑な両面加工石器（細石刃核ブ

ランク）や尖頭器、大型石刃・石刃核がわずかながら採集されており、旧石器時代人による露頭の利用を示すものである。しかも、頂上部にまで人類が足を踏み入れている。山頂赤石一、山頂赤石二、山頂黒石一の遺跡が知られている。ただし、これまでのところ、そこで本格的な石器生産をしていたという証拠は確認されていない。

②標高六〇〇メートル付近の遺跡　標高六〇〇メートル付近の小さく張り出す平坦面に、幌加沢遺跡遠間地点が立地し、八号沢一遺跡など同じような遺跡の存在が予想されている。

③標高四〇〇メートル付近の遺跡　湧別川、支湧別川流域の市街地がのる標高四〇〇メートル付近には、ホロカ沢Ⅰ地点、三〇地点、上白滝六、上白滝七、上白滝八、第一三地点、三二地点、三三地点、奥白滝一、服部台など九〇カ所ほどの遺跡が知られている。調査がよくおこなわれている遺跡では、さまざまな道具が出土し、多数の遺物集中ブロックの存在が知られている。また、生活の様子をもっともよく物語る炉址が検出されている。

こうした標高差のある遺跡群が、互いにどのような関係にあったのであろうか。その関係が解明されるならば、先史時代の人びとが白滝産黒曜石をどのようなシステムをもって獲得したか、具体的な説明ができるように思われる。

また、石材の獲得戦略のみでなく、黒曜石を運び出す人びとと白滝遺跡群を残した人びと、あるいはそのほかの地域の人びととの社会的なつながり、すなわち当時の集団関係の問題にまで迫ることができるに違いない。白滝の黒曜石が、はるか遠隔の地にまで運ばれた「黒曜石の道」を探る、第一歩でもある。

石器製作址としての幌加沢遺跡遠間地点

すでに紹介したように、幌加沢遺跡遠間地点では、わずか一〇〇平方メートルにもみたない発掘区から五五万点を超す大量の石器や剝片が発掘されている。しかも、そのほとんどが石器製作の際に原石から剝がされた剝片、あるいは石器の形を整えていく過程で剝がされた剝片・砕片類で、全体の九八％に相当する。

また道具類についてみると、現代の工具箱には必ず入っている日常的な道具ともいえる彫器（彫刻刀）、搔器（皮なめし具）、石錐（ドリル）など若干の石器は認められるが、非常に少ない。一方で、細石刃とそれを作り出すための細石刃核、ファースト・スポール、セカンド・スポール、そして石刃とそれを作り出す石刃核の存在が際立っている。本遺跡を、おもに細石刃、および石刃を生産するための石器製作址とみなす理由である。

ところで、幌加沢遺跡遠間地点の土層中には、跳ねて飛び散った溶岩が冷えてできるビー玉くらいの大きさの黒曜石、あるいはそれよりやや大きい黒曜石の塊が含まれることがある。しかし、石器の材料に使えるような大きさの黒曜石は、まったく含まれていない。大きな黒曜石は、石器を作るためにほかの場所からわざわざ運び込んできたものである。遺跡は、黒曜石の材質の良し悪しを見定め、あるいは試し割りしながら石器を作りはじめた様子を示している。

問題は、どこから運び込まれてきたかである。遺跡から出土した黒曜石は、およそ黒色に褐色、あるいは褐色にいくらか黒色が溶け込んだ色調のいわゆる花十勝石と漆黒の黒曜石の二種類がある。微妙な色調の違いや透明度、玻璃《はり》光沢、晶子《しょうし》構造など細かくみると、さらにいくつかの群に分類することも可能である。

これまでの露頭調査と肉眼観察にもとづけば、その花十勝石は、赤石山頂上部の東アトリエを中心に分布する露頭の黒曜石と一致する。すなわち、遺跡の北方地域、高さ二〇〇メートルを直登した地域の露頭に広がる黒曜石の採取とみなされる。

漆黒の黒曜石については、より東方のあじさいの滝や幌加湧別の沢上流、蜂の巣沢の露頭群での獲得、遺跡の対岸の丘陵に連なる左の沢左岸に含まれる転礫などの利用が考えられる。

なお、山頂赤石一遺跡において、大型の両面加工石器（細石刃核ブランク）や舟形石器などが採集されており、幌加沢遺跡遠間地点の人びと、あるいは同じ時代、同じ石器文化の人びとが赤石山の頂上部にまでやってきたことを意味している。赤い黒曜石を求めての登頂であった可能性が高い。

第一次加工と「中継地」

幌加沢遺跡遠間地点は、さらに大切な役割を担っていたとみられる。運び込んだ黒曜石を第一次加工し、できた半製品、あるいは完成品をさらにほかの遺跡へと運び出す役割が想定されている。それは、旧石器時代の人びとが、石材産地の近くに住みつき、必要な石器を作っていたというよりも、石材・石器を運び出すための「中継基地」をもっていたということである。

細石刃作りにかかわるものとして、第一段階のスポール（削片）が七〇二点、第二段階のスポール（削片）が六四九点出土している。最初の削片剥離によって細石刃剥離に必要な平らな打面が用意されると、その後の削片剥離は終了するはずであり、第二段階のスポールが少ないのはごく自然のことである。その比は七対六で、製作工程に対応している。そして、それらスポールの数の多さに比して、細石刃核の数が極端に少なく六四点である。

ちなみに、遠間栄治によって集められたコレクションには、他遺跡の資料も含まれているが、第一段階のスポールが五八五点、第二段階以降のスポールが四九二点、細石刃核七五点、細石刃核ブランク一六五点で、先に示した数量的傾向と類似しており、遺跡全体の姿を反映したものといえよう。

また、発掘で出土した細石刃二六八八点も、予想生産数を大きく下まわる。たとえば、細石刃数を第一段階のスポール

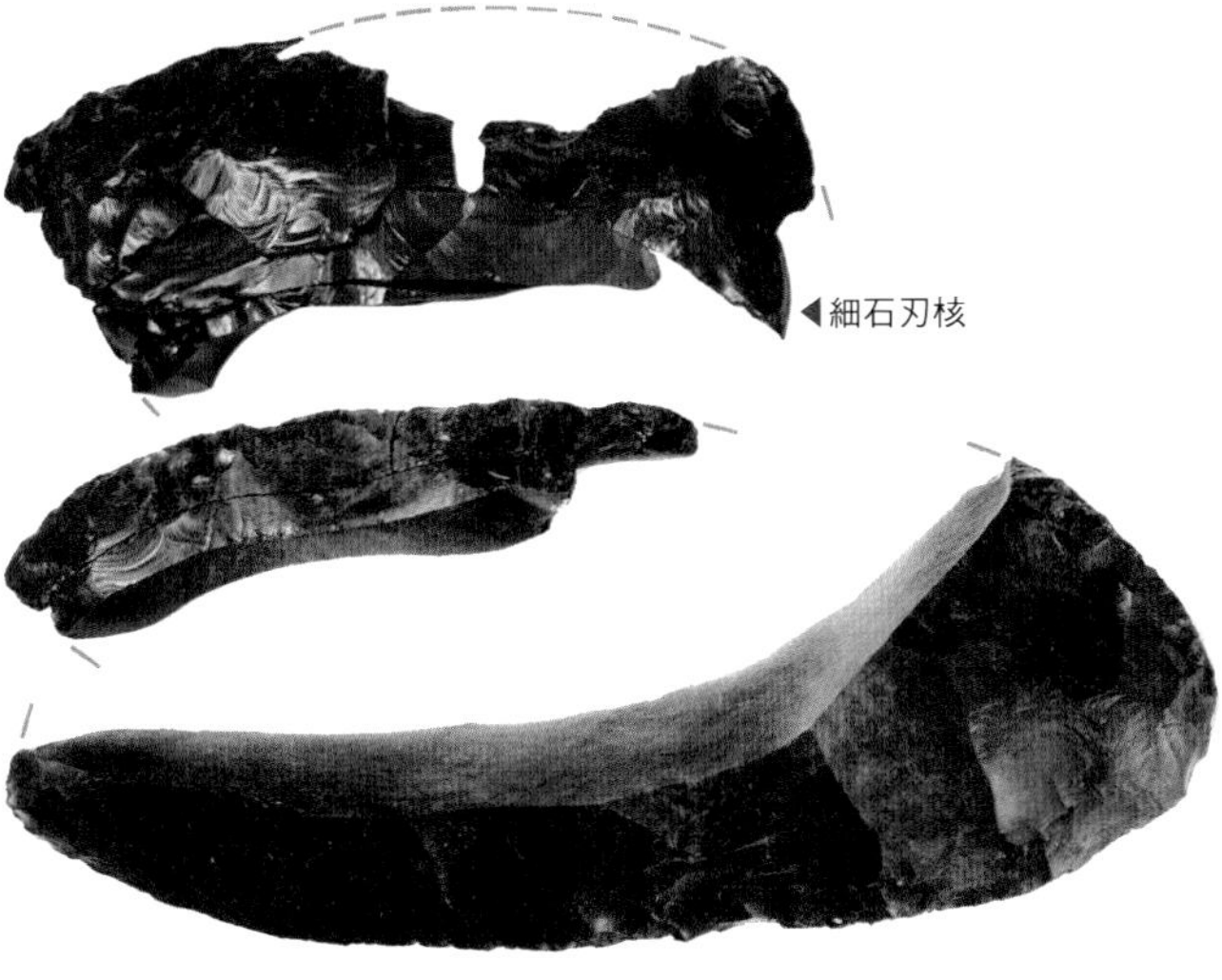

図33●**幌加沢遺跡遠間地点出土の大型両面加工石器（ブランク）、ファースト・スポール（舟形）、セカンド・スポール（スキー状）などの接合資料**
最長の例で38.4cm、多くは25～35cmもある巨石器、すなわち大型の木葉形の両面石器を用意し、細石刃核を作り、最後に7～8cmの小石刃とでも呼べそうな大きな細石刃がしばしば作られる。下の例は、スポール剥離が斜めに傾いたためか、そのまま放棄された大型両面加工石器の残核である。大きく半割された細石刃核用のブランクで、左右の長さは30.2cmある。上と中は、大型両面加工石器の反対側縁から縦割り技法で剥ぎとられた舟形、スキー状のスポールの接合例である。上の例は剥離が5回ほどくり返されたようで、なかに小型の細石刃核も含まれている。

七〇二点で割ると、第一段階のスポール一個当たり四本弱の細石刃が剝がされた計算となるが、その数はあまりにも釣り合わない。ある程度、製作が進行した段階で作業を切り上げ、細石刃核ブランク、あるいは細石刃核として、標高四〇〇メートルの湧別川流域の遺跡群に運び出した関係を物語っている、と想定できよう。遺物の移動は動かしがたい。

幌加沢遺跡遠間地点は、石材を搬入し、製品あるいは半加工品としたものを再び運び出す「中継地」である。黒曜石の特別に大きな広がりを「シルクロード」にならって、「黒曜石の道」と称しているが、白滝産黒曜石の起点としての役割を担う、まさに「ベースキャンプ」でもある。

「中継地」から高台の「ムラ」へ

湧別川流域をよく利用したのは中葉・後葉の人びとであるが、とくに幌加沢遺跡遠間地点と同じ時代の遺跡（ブロック）が、高台のあちこちでみつかっている。服部台、服部台二、白滝第三三地点、白滝第一三地点、上白滝八、上白滝二、白滝第三〇地点、白滝第四地点、上支湧別三、そしてホロカ沢Iなどである。

かつてホロカ沢I遺跡は、白滝第一三地点遺跡とともに「前期白滝文化」の時代を代表する遺跡とみられていた。しかし、この大型の石刃と舟形石器を特徴とする石器群には細石刃、「札滑型《さっこつがた》」細石刃核がともなうらしく、ほかの遺跡の発掘調査でそのことがはっきりしてきている。遺跡は幌加湧別川の下流、湧別川との合流点付近にあり、幌加沢遺跡遠間地点にもっとも近い遺跡である。幌加沢遺跡遠間地点を残した人びとのそもそもの集落が存在していた遺跡とも推定されるが、かつての調査が小規模であったため、その実態はいまだ解明されていない。

山腹の遺跡と高台の遺跡の関係を読み解く良好な資料は、ほかにもある。遺跡の範囲確認調査の折、白滝第一三地点（国指定での名称は白滝遺跡）でも、三二一三点の遺物とともに、札滑型細石刃核にかかわる典型的な資料が検出されている。

さらに、白滝第一三地点に近接する服部台二遺跡では、「峠下型《とうげしたがた》」細石刃核や有茎尖頭器など、いくつかの時期の石器群が重なったためか、遺物が雑然と広がり、同時期の組み合わせを正確に理解することは難しい。しかし、「札滑型」細石刃核と両面加工の細石刃核ブランク、ファースト・スポール、セカンド・スポールなど多数が採集、発掘されている。

上白滝二遺跡において、「札滑型」細石刃核をもつブロックがみつかっている。樹木の抜根作業によって遺跡全体がかなりの損傷を受けていたにもかかわらず、石器が集中する一五のブロックが確認された。うち、三～六・一〇が該当する。同一母岩を持つ使用がほとんどなく、細石刃核ブランクの形で搬入されたものが多いことが、指摘されている。産地分析された一点の細石刃核について、白滝・赤石山のものであることが判明している。

石器ブロック六の北東部、あるいは少し離れて炭化物のブロックがみられ、火を焚いた痕跡と報告されている。ほかの遺物は出土せず、人の手によるものかどうか十分な検証が必要であるが、ムラの生活の一端を示す貴重な情報である。遺物の点数の少なさは、確認されたブロックが当時の中心に位置するものでなかったのと、半加工品あるいはそれほど調整の必要の少ない原石が選ばれて搬入され、しかももっぱら石器を消費する性格があったからに違いない。

　標高四〇〇メートルのこれらの石器群は、赤石山の黒曜石産出地を中心とすると径一〇キロほどの範囲内に分布する。それぞれの石器群が果たした役割についてなお十分に解明されていないが、八号沢川、幌加湧別川と湧別川との合流点付近に立地するこれらの石器群が、沢の上流にある幌加沢遺跡遠間地点や八号沢第一遺跡などと無関係に存在したとは考えがたい。限られた資料ではあるが、間違いなく赤石山のものが含まれている。多くは花十勝石で、漆黒の黒曜石も含まれるが、角礫、あるいはブランクのような半加工品の状態で搬入されたものとみられる。

　以上から、標高差に対応するそれぞれの場は、最前線の「切り出し基地」、「中継地」、「集落」と推定した（**図34**）。あたかも、石器生産に必要な石材の採掘から搬出、消費にかかわる「分業システム」が存在していたかのようである。

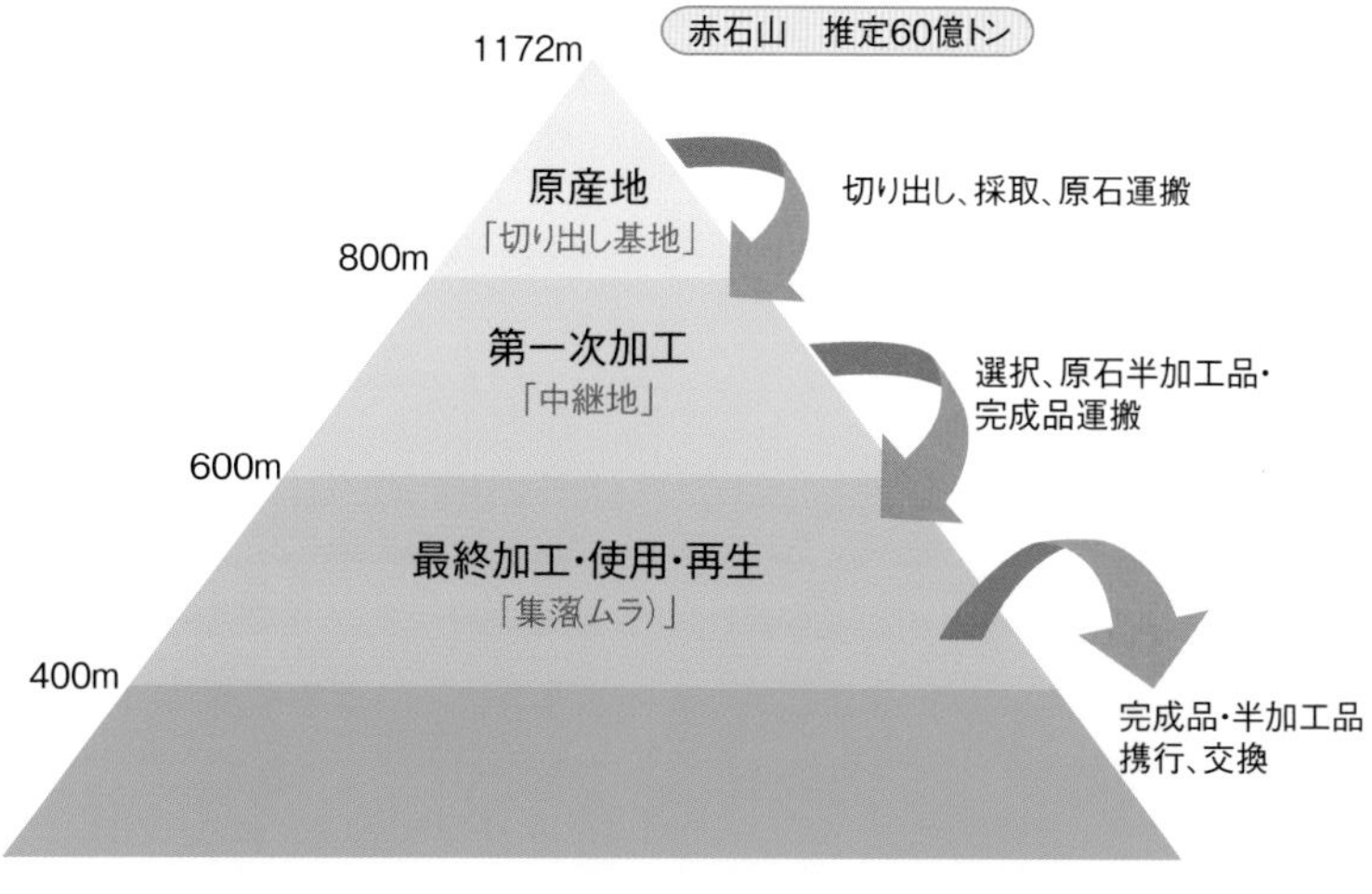

図34 ● 白滝の石材獲得と石器生産の分業システム
赤石山を中心とした白滝遺跡群には、石材の採取地、中継地、そして集落（ムラ）という石材獲得から石器製作までにかかわる分業システムが働いていた。

3　海外に運ばれた白滝産黒曜石

サハリン・ソコル遺跡の細石器

「札滑型」細石刃核を特徴とする石器群が、湧別川流域を越えてはるかサハリンにまで及んでいる（図35・36）。

サハリンの南部、東海岸のドリンスク（旧称・落合）から南へおよそ四キロ、ソコル川との比高四〇メートルほどの段丘上にソコル遺跡がある。州都ユージノサハリンスク市の北およそ二五キロに位置する。いまから三五年ほど前、シベリア・ノヴォシビルスク市の考古学者ラブロフらが、土地の削平事業で破壊されかけていた遺跡を発見し、資料の採集と簡単な発掘調査をおこなっている。失われたものも少なくないようであるが、剥片を含めて丹念に集められた。

細石刃核九点（黒曜石製）、ブランク三点（黒曜石製）、掻器二〇点（珪質頁岩《けいしつけつがん》製一八点、黒曜石製二点）、彫器一三点（珪質頁岩製）、ナイフ状石器・削器一一点（黒曜石製八点、珪質頁岩製三点）、尖頭状石器一点（珪質頁岩製）、円盤状両面加工石器一点（頁岩製）、セカンド・スポール一〇点（黒曜石製九点、珪質頁岩製一点）、石刃・縦長剥片約三六点（黒曜石製二九点、頁岩製六点、メノウ製一点）、細石刃・細石刃様剥片三二四点（黒曜石製）、剥片・削片六三四点（黒曜石製三二八点、珪質頁岩製三〇六点）で、総計一〇六二点を数える。石材の内訳は、黒曜石七一二点、珪質頁岩・頁岩三四九点で、およそ二対一、黒曜石が主体を占める。

細石刃核の多くは、側面と打面の調整、そして細石刃剥離が首尾よく進み典型的な形態をとどめていない。「廃棄品」と呼ぶにふさわしいが、「札滑型」細石刃核が主体をなす。

また、従来の分類にしたがえば「ホロカ型」細石刃核に近いものもある。打面と側面の細かい調整がおこなわれている。「峠下型」細石刃核に近い石刃を素材とした細石刃核も二点含まれている。後に触れるが、「札滑型」細石刃核と「峠下型」細石刃核とが関係する石器群である。

本遺跡では、細石刃・細石刃様剥片が、遺物総数の三一パーセントを占めている。また、両面加工の石器から剥がされた第一段階のスポールはなく、第二段階のスポールも少ない。また剝片・削片も概して小型で、数も少ない。やはり半加工された状態で素材が搬入され、おもに最終工程の細石刃生産がここでおこなわれたとみなされる。

これまでのところサハリンには黒曜石の原産地は確認されていない。そのサハリンで、北海道産の黒曜石が大きな役割を担っていた様相をいまに伝えるのがソコル遺跡である。多数をしめる漆黒の黒曜石、褐色混じりの黒曜石（花十勝石）製の石器は、一見して白滝（赤石山）産とわかる。資料の一

図35●サハリン・ソコル遺跡との白滝産黒曜石製の細石刃核
「札滑型」細石刃核（上段左端）と「峠下型」細石刃核（上段右端）が含まれる。
右下写真は、ソコル遺跡を案内するA.ヴァシレフスキー。

部をもらい受け、フィッショントラック法や蛍光X線分析法、電子プローブアナライザー法などによる成分分析を依頼し、産地同定を試みた。ロシアでの最近の分析例も合わせると、結果は一五点中一四点が白滝産と同定された（**図31参照**）。

白滝産黒曜石がサハリンにまで達することができた理由は何か。直接にはこの時代、北海道とサハリンが陸続きで、大陸からぶらさがる同じ半島のなかにあったからである。現在の宗谷海峡は浅いところで水深六〇メートル、間宮（タタール）海峡が一〇メートルほどであるが、氷河時代、気温の低下にともない、海水面が一〇〇メートル以上も低下していた。そして、「黒曜石の道」とでもいえる物流のネットワークが形成されていたからにほかならない。

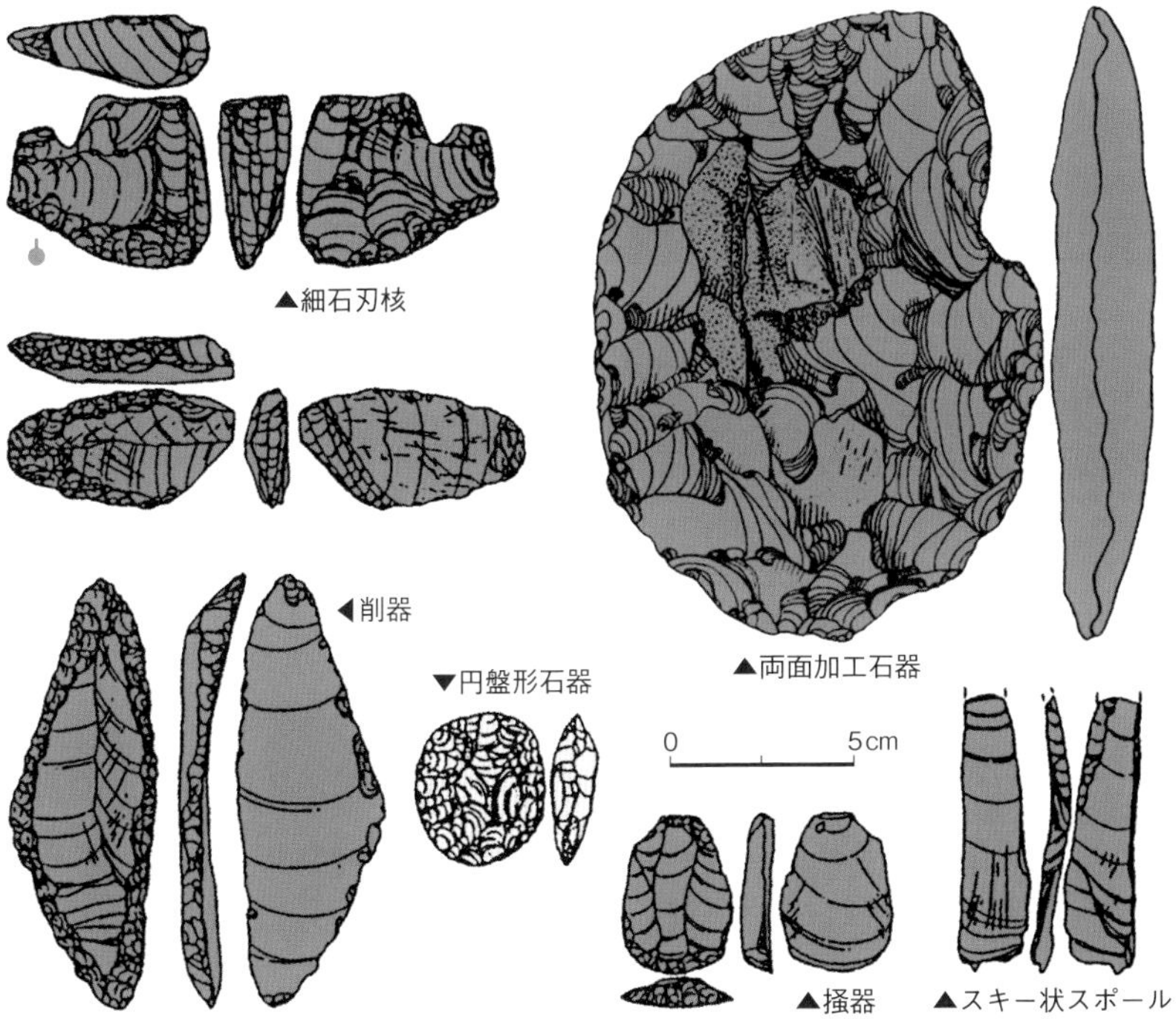

図36 ● サハリン・ソコル遺跡出土の石器群
多くが北海道白滝産黒曜石で作られている。●は花十勝石。小型の円盤形石器のみ頁岩製。大型両面加工石器はV. ザイテェフ採集、ほかはE. ラブロフ採集。

第5章　石材流通のネットワーク

1　遠隔地の白滝産黒曜石の意味するもの

北海道南部への広がり

白滝産黒曜石は、今金町《いまかね》美利河一遺跡や知内町《しりうち》湯ノ里《ゆのさと》四遺跡など頁岩産地を近くに控える北海道南部の遺跡にも持ち込まれている（**図31参照**）。

美利河一遺跡では、「峠下型」細石刃核をもつ石器群（第Ⅰ期）から「美利河技法」による細石刃核と「蘭越型」細石刃核をもつ石器群（第Ⅱ期）、有茎尖頭器と「射的山型《しゃてきやまがた》」細石刃核をもつ石器群（第Ⅲ期）へ変遷したと考えられている。しかし、第Ⅰ期とされた石器の集中地点、ブロック1〜3と第Ⅱ期とされたブロック13の間で、石器の組み合わせに大きな偏りが認められる。とくに、ブロック1〜3の組み合わせには、大量の彫器《ちょうき》（荒屋型《あらやがた》、**図38参照**）があるにもかかわらず、掻器《そうき》がまったくみられない。ブロック13の場合はその逆で、掻器が多数出土しているのに対し、彫器が極端に少ない。日常不可欠な彫器と掻器がいっしょに発見されることこそ自然であるとすると、およそ同じ分布域にあるそれぞれのブロックも同じ時代の互いに補い合う関係にあったものとみなすことができよう。

また、湧別技法から区別された「美利河技法」も、幌加沢遺跡遠間地点にみられる複雑多様な技法の一部を示すものであって、両技法の違いは石材からもたらされたものと推定される。よって、両ブロックは、幌加沢遺跡遠間地点の年代に近いものと理解される。

美利河一遺跡は、頁岩とメノウの豊富な産出地を近くに控え、大量の剥片類が出土する石器製作址としての性格を示す。図31にあるように、石器・剥片類など出土総数一一万三一六点、うち頁岩が八四・五%、メノウが一二・九%を占める。

しかし、わずか〇・五%に過ぎない量であるが、黒曜石製の遺物が含まれている。総数五三九点、うち石器類が一一一点である。その内訳は、細石刃五七点、細石刃核三点、尖頭器三点、石錐一点、舟形石器九点、掻器六点、削器三二点である。

ここでは、石器・剥片あわせて一一〇点について黒曜石の産地同定がおこなわれ、北海道の主要産地、赤井川産、白滝産、置戸産、十勝産のものが認められている。

もう少しくわしくみると、細石刃と白滝・赤井川産、「蘭越型」細石刃核と赤井川産、舟形石器と赤井川・白滝産、石刃と赤井川・白滝・置戸産、有茎尖頭器と赤井川産との結びつきが判明している。しかも、石器が比較的多く、剝片・削片（四二四点）が少ない。石核もみられない。これらのことから、黒曜石は、製品、あるいは粗加工された半加工品によって持ち込まれた可能性が高い。とくに、白滝産は、分析された九点中五点が石器（舟形石器、石刃製削器、細石刃三点）である。

湯ノ里四遺跡では、「峠下型」細石刃核をもつ石器群と「蘭越型」細石刃核・台形石器を特徴とする石器群、有茎尖頭器をもつ石器群が検出されている。やはり、出土総数一万九七八五点の九七％が頁岩製である。

しかし、わずか二％であるが、黒曜石製が含まれている。うち黒曜石一〇七点について産地同定されており、十勝産が四八％、白滝産が一二％、赤井川産が四％、そのほか三六％である。

産地同定されたもののうち、大型石刃、掻器、大きめの細石刃が白滝産、「峠下型」細石刃核と細石刃が十勝産、台形石器が赤井川産とされる。やはり、黒曜石製の剝片・削片が少ない。美利河一遺跡同様、製品、あるいは粗加工された半加工品で持ち込まれたとみてよいであろう。

以上で明らかなように、頁岩などの石材が十分に満たされる北海道南部の地域にあっても、微量ながら黒曜石が含まれ、しかも遠隔地の黒曜石が搬入されていたのである。

たとえ良質の黒曜石とはいえ、美利河一遺跡や湯ノ里四遺跡のそれぞれの小人数グループが、その都度、四〇〇キロの距離におよぶ白滝までの採掘旅行を実行したというのは、エネルギー消費の点からも、またそれによる獲得成果の点からもあまりにリスクが大きく、考えがたいことである。それらの石材が、特別な道具と結びつく状況もない。もちろん、頁岩に満たされる石材環境のなかでは、量的にも石器組成上の役割においても、黒曜石が重要な位置を占めていたという証拠もなく、象徴的に存在する程度である。

ヨーロッパの旧石器時代における石材の広がり

いうまでもなく、考古学的遺物が動く距離は、時間や人口数、集団の社会的関係、自然地理的環境、そしてそのものがもつ価値によって大いに異なる。黒海や地中海産の貝など、特別な価値をもつ遺物が時に数百キロを越えて移動していた事実も報告されている。

しかしながら、狩猟採集生活の生産部門を直接に担う石材の獲得に限っては、不安定な状況に置かれることを極力回避したに違いない。よって、はるか遠くの石材産地にすっかり依存していたとは想像しがたく、旧石器時代における石材の獲得は、およそ一〇〇～二〇〇キロの範囲と考えてよさそうである。この種の研究がとてもよく進んでいるヨーロッパ、とくに三万年前よりも新しい後期旧石器時代の数多くの事例で確かめられており、参考になろう。

洞窟絵画や彫刻品などの芸術が花開いたマドレーヌ文化の時代、パリ盆地では、石材のフリントが二〇～八〇キロの距離で数方向からやってきたという。マドレーヌ期よりやや古いオーリニャック文化とグラヴェット文化の時代の中央ヨーロッパでは、一〇〇～二〇〇キロ離れた東と西の方向にある原産地から外来フリントが遺跡へもたらされた、という報告もある。

氷河時代のなごり、大小多くの湖に囲まれたスイスの話である。ヌーシャテル湖北東部の湖岸（標高四二七メートル）に位置するシャンプリヴィエ遺跡は、ＡＭＳ法による放射性炭素法年代などからおよそ一万三〇〇〇年前、マドレーヌ期の遺跡とみなされている。

居住のための構造物を欠く一方、第一地区に限ると炉址が一一個検出されている。その周辺を中心に、フリント製石刃など石器・剥片類がまとまって出土している。フリント製品あわせて一万二二八六点、重量一〇・四キロ、うち一センチ以上のものが五五三二点を数えている。そのほか、針と鹿角《ろっかく》製槍先四点を含む骨製品、野生ウマ二一頭、トナカイ七頭、アイベックス二頭などを含む一万六五〇〇点、重量四一・四キロの動物遺存体が発見されており、ウマの捕獲を主とした春・秋利用のキャンプサイトと考えられている。ウマの歯のセメント成長線、魚にみられる冬季結氷期を除く捕獲時期、トナカイの落角時期、白鳥の抱卵時期、冬眠するマーモットなどの理由から季節性が理解されたのである。

石材として、一八種のフリントが識別され、在地性と外来性の共存が確認されている。北と南起源のフリントが同率で、外来性フリントはもっぱら石刃の製作に使われている。品質の維持にこそ、外来性フリントの導入の動機があるとみられている。

遺跡内から出土した在地性フリントと外来性フリントの数と重量には、明らかな違いが認められており、在地性フリントの数は少ないが重い、逆に外来性フリントの数は多いが軽いという。しかも、遺跡に搬入された塊(石材)の大きさにも違いがあり、在地性フリントが塊の形で搬入され石刃製作に使われていたらしく、使用目的に応じて適宜作られ、消費されていたという。研究では、動物の具体的な解体処理法も分析されている。

外来性フリントは、遺跡の北東方およそ六〇キロのオルテンと正反対の南西方およそ一三〇キロのフランス・ベルギャルトから持ち込まれたことが調べられている。また、シャンプリヴィエ遺跡の南西一キロにモンルツ遺跡があるが、両遺跡から出土した石刃が互いに接合する事実も判明している。ともあれ、数回の短期的滞在と長距離・短距離移動を組み込む石材や人の動きが、シャンプリヴィエ遺跡の研究で解き明かされつつある。

ターミナルステーション

白滝産黒曜石が、南方六八〇キロ、山形県湯の花遺跡にまでおよんでいたことが蛍光X線分析により確認されている。ヨーロッパの事例をはるかにしのぐ南への移動距離、研究の進展が注目される。

黒曜石の移動距離をめぐっては、やはり先に紹介した南サハリンのソコル石器群が重要である（**図37**）。白滝から三八〇キロの距離を隔ててなお大量の黒曜石がソコル遺跡に搬入されている。仮に白滝から道南部までの量的減少パターンをそっくり北のルートにあてはめ計算してみると、黒曜石が一パーセントにまで減少する領域は、ソコル遺跡からさらに四七〇キロほど北方、西方に伸びていたと推定できる。

最新情報によると、白滝産黒曜石は、二〇〇〇キロも離れた中国の吉林省東部にまで運ばれていたらしく、蛍光X線分

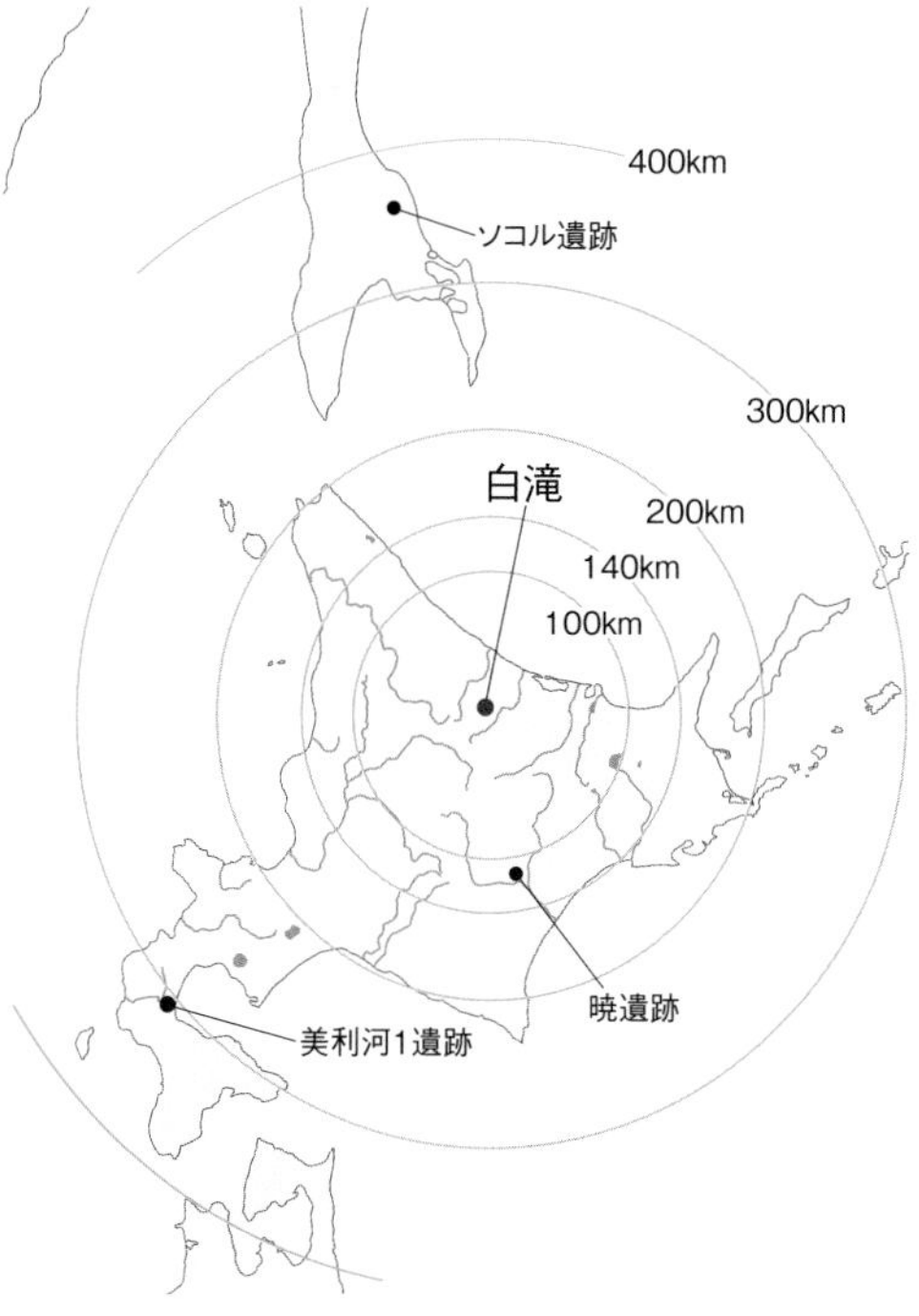

図37 ● 白滝産黒曜石の分布
旧石器時代には400kmの範囲にまで濃密に広がっており、南は山形県・新潟県まで、北は陸続きの大陸への広がりも予想されている。

析の結果が伝えられている。年代は七〜八〇〇〇年前であるが、アムール河口のマラヤ・ガーヴァニ遺跡の分析例もあり、それよりも旧石器時代に、「北の黒曜石の道」が大陸におよんでいたことはほぼ間違いなかろう。

ソコル遺跡の石器組成に着目すれば、その期待はいっそう高まる。幌加沢遺跡遠間地点と同じ石器群だが、大型石刃の縁辺に入念な二次加工を施した「ナイフ状石器」や「円盤状石器」など特徴的な石器も含まれる。ウスチノフカI遺跡をはじめ、沿海州の遺跡に共通する石器群でもある。遺跡周辺は、有力な頁岩産地であることから、頁岩製の石器も多く含まれている。

旧石器時代における北海道と沿海州にみられる強い文化的なつながりは、双方向でおこなわれた石材の動きに支えられたものであるらしく、南サハリンのソコル遺跡をはじめ、いくつかの有力なターミナルステーションが大きな役割を担っていたからに違いない。ちなみに、湧別技法については、石材の制約を乗り越え、シベリアや沿海州、北米大陸の極北地域に広く分布する。表紙の口絵は、バイカル湖に近いヴォリショイ・ヤーコリ遺跡の接合例である。

2 交換のネットワーク

白滝にもたらされた「荒屋型」彫器

ここで白滝産の黒曜石が遠隔地まで運ばれる仕組みについて、「荒屋型」彫器を手がかりに推理してみたい。

「荒屋型」彫器は、石刃、もしくは縦長剝片を素材として、基部や側縁に二次加工が施こされ、その後おもに右側縁から左側縁にかけて斜めの刃部（彫刀面）が作り出される。新潟県荒屋遺跡で最初に注意されたことからその名があり、同じような彫器は、北日本からシベリア、アラスカなどに広がることが知られている。

黒曜石の山に抱かれた幌加沢遺跡遠間地点においても、五五万点を超える出土物のなかに、あわせて七点の「荒屋型」彫器が出土している（図38）。しかも、一点の黒曜石製を除くと、頁岩製が五点、メノウ製が一点である。このほか、彫器未製品一点、彫器削片一点、剝片二点の頁岩製遺物があるが、彫器の刃付けはともかく、およそ製品の形で持ち込まれたものであることがわかる。また、ほかの遺跡での様相を加味すると、頁岩を使う異なる集団がやってきてたまたまこの遺跡に落としていった、という可能性も皆無に等しい。

北海道における「荒屋型」彫器の広がり

図39は、北海道の旧石器時代の遺跡から発見された「荒屋

図38●幌加沢遺跡遠間地点出土の「荒屋型」彫器と使用痕
北日本、シベリア、アラスカなどに広く分布する。その多くが頁岩や珪岩、メノウなど非黒曜石で作られている。本例は珪質頁岩製で、彫器先端の右側縁（A）に、使用による摩耗痕が残る（顕微鏡写真：E. ギリヤ提供）。

型」彫器を集計したものである。

　出土総数は五七四点で、黒曜石が一六三点、頁岩が二二〇点、珪質頁岩が三四点、珪岩が七三点、珪質凝灰岩が一一点、メノウが二三点、メノウ質頁岩が二点、流紋岩が五点、ジャスパーが五点を数え、圧倒的多数を黒曜石以外の石材、とくに頁岩類が占めている。

　少し前の集計で、実際の数はもう少し多い。また、二次加工の程度、あるいは刃部の位置や角度、彫刀面の数、形態などに多くの変異を含んでいる（**図40**）が、石材から理解される傾向に大きな変化はない。

　これまでのところ、北海道の旧石器時代の前葉の遺跡から「荒屋型」彫器は発見されていない。中葉になって大量の「荒屋型」彫器が出まわり、後葉もかなりの高頻度で使用されていた。北海道南部（渡島《おしま》・後志《しりべし》南部）では、蘭越町立川遺跡と八《や》雲《くも》町トワルベツ遺跡の各一点の黒曜石製を除くと、一〇〇点が頁岩・珪質頁岩・メノウ製である。北海道南部は、尻別川《しりべつがわ》流域や厚沢部川《あっさぶがわ》流域などに頁岩の産出地が知られており、およそ地域内での供給とみてよい。北海道央部（石狩《いしかり》・後志北部）でも頁岩製四点を含む非黒曜石製八点があり、北海道北部の上川《かみかわ》地方では一二点の「荒屋型」彫器がすべて珪質頁岩製である。

　北海道東部南半の十勝地方は、遺跡の数も多く、「荒屋型」彫器は一五九点を数える。その

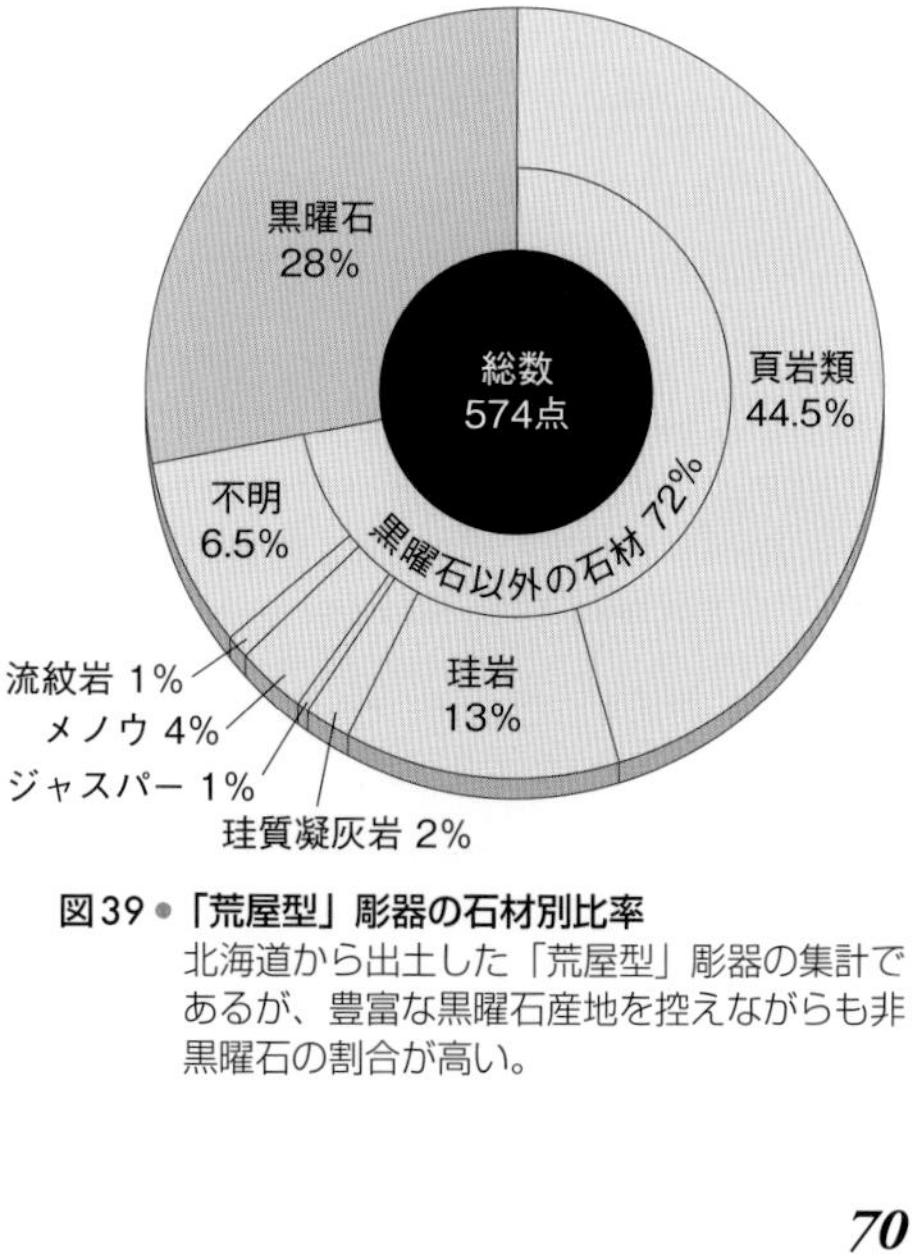

図39 ● 「荒屋型」彫器の石材別比率
北海道から出土した「荒屋型」彫器の集計であるが、豊富な黒曜石産地を控えながらも非黒曜石の割合が高い。

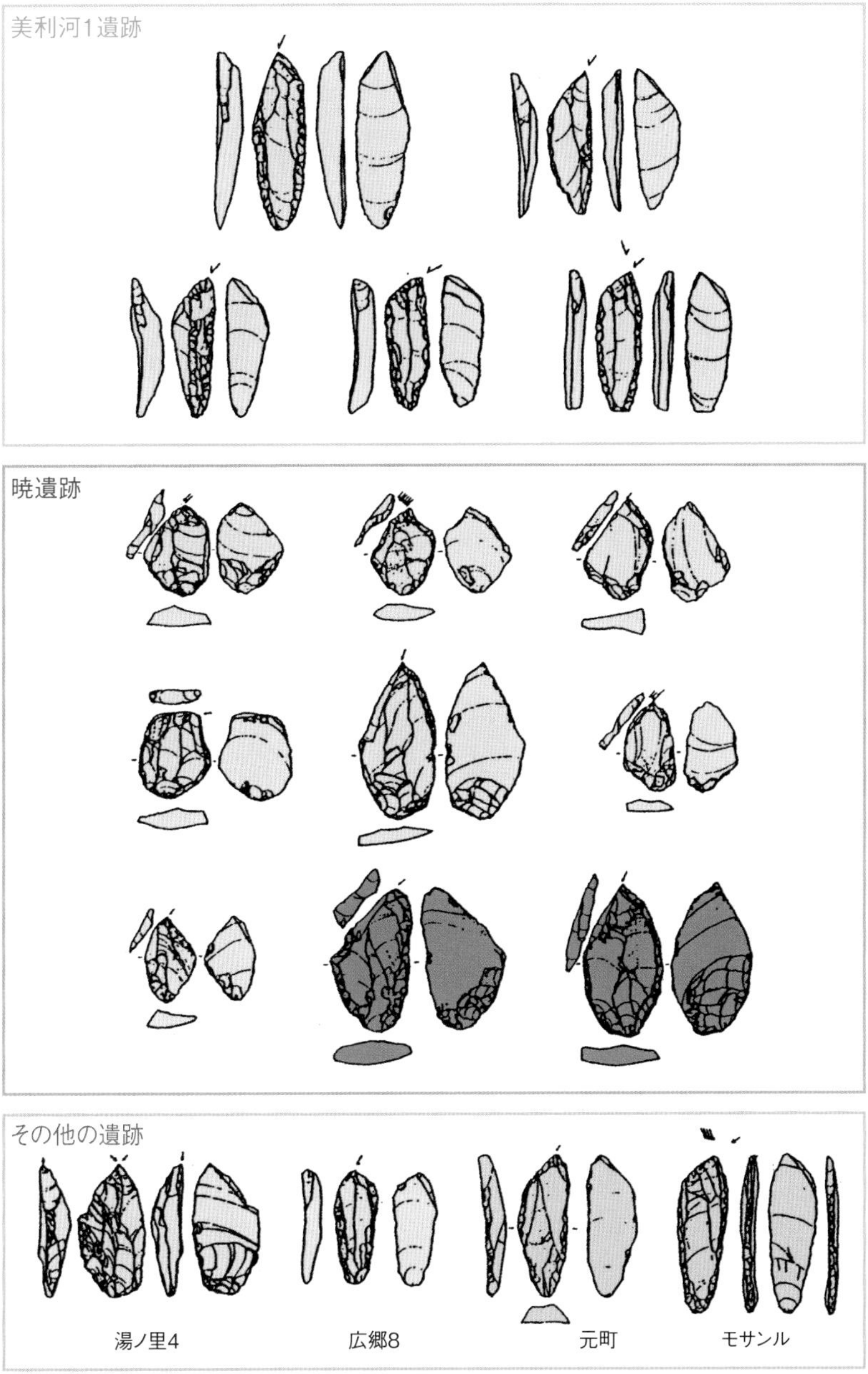

図 40 ● **北海道における荒屋型彫器・類似荒屋型彫器**
彩色の濃いものが黒曜石製、薄いものは頁岩製。

うち、八四点の黒曜石製「荒屋型」彫器を数えることができるので、黒曜石への依存がやや高かったといえよう。この時代、在地の十勝産に加えて、白滝産、あるいは置戸産の黒曜石も広く利用されていたことを考えれば、その多さは当然である。むしろ、黒曜石に恵まれた地域(遺物総数に対する黒曜石の占有率は九〇%以上)にあって、なお半数の「荒屋型」彫器が珪質頁岩によって作られていたことこそ重要である。やはり、製作途中の石核や剝片類のまとまった発見はなく、製品で搬入されたとみなされる。

置戸の黒曜石産地を控える北海道東部北半の常呂川流域では、「荒屋型」彫器一七〇例のうち黒曜石製は四四点で、全体の二六%に過ぎない。湧別川流域でも、あわせて六六例、黒曜石製とわかる確かな例はわずか一三点で、頁岩類が四四点以上を数える。豊富な黒曜石原産地を控える本地域においても、黒曜石の依存度がいっそう低くなっている。

北海道北部(宗谷《そうや》)では、総数一八点のうち、二点の黒曜石製以外は頁岩の類いである。以上、概略を紹介したにすぎないが、北海道での旧石器文化のなかで、「荒屋型」彫器が特徴的なあり方をしていることがわかろう。産出地からより遠く離れ、頁岩の入手が困難であると思われる地域、しかも黒曜石が豊富な地域においても、頁岩が「荒屋型」彫器の石材として大きな役割を担っている。

石材産地からの距離とかかわりなく、頁岩がとくに選ばれる理由は、必ずしも明らかでない。彫器の機能を発揮するうえで、黒曜石よりも頁岩という材質が単に優れていたからなのであろう。むしろ大事なことは、その石材の獲得に確かな道が開かれていた、ということである。

北海道東部・暁遺跡の石器構成

北海道東部の帯広市内、十勝川の支流、札内《さつない》川と帯広川にはさまれる標高四〇メートルの河岸段丘上に暁《あかつき》遺跡がある。一九五九年以来、五次にわたって発掘調査がおこなわれている。第一地点において、一六の遺物集中個所が確認されている（図41）。

とくに、スポット1・6・8・11・12・14において「札滑型《さっこつがた》」細石刃核とその関連資料が発掘されている。幌加沢遺跡遠間地点と同じ時期のものであるが、第一次生産、すなわち石材から剝がし取っていく最初の剝片などの資料が少ない。たとえばスポット6でみると、計一二八点の遺物のうち、剝片はわずか四二点である。ところが、細石刃は全体の六三％の八〇点を占め、ほかに半割された両面加工石器と接合するセカンド・スポール各一点、細石刃核一点、彫器二点、台石一点がある。似たような傾向はスポット11に認められる。

一方、スポット8では、総数が六三八三点、剝片・削片類が四一五六点と多いが、小型・中型のものが主体を占め、しかも細石刃が二〇九三点と全体の三三％を占めている。ここでは、細石刃核一一点のうち「札滑型」が五点、「峠下型」が六点で、両者が混在する。それらの打面・作業面調整剝片四二点と、石刃類五二点、削器二九点、掻器八点、彫器三〇点などがともなう。

スポット12も、スポット8よりわずかに少ない（五七四六点）が、剝片・削片類および細石刃の全体に占める割合はまったくといってよいほどに一致している。ただしここでは、細石刃核一〇点のうち「札滑型」はわずか一点で、ほか九点はすべて「峠下型」である。ここでも

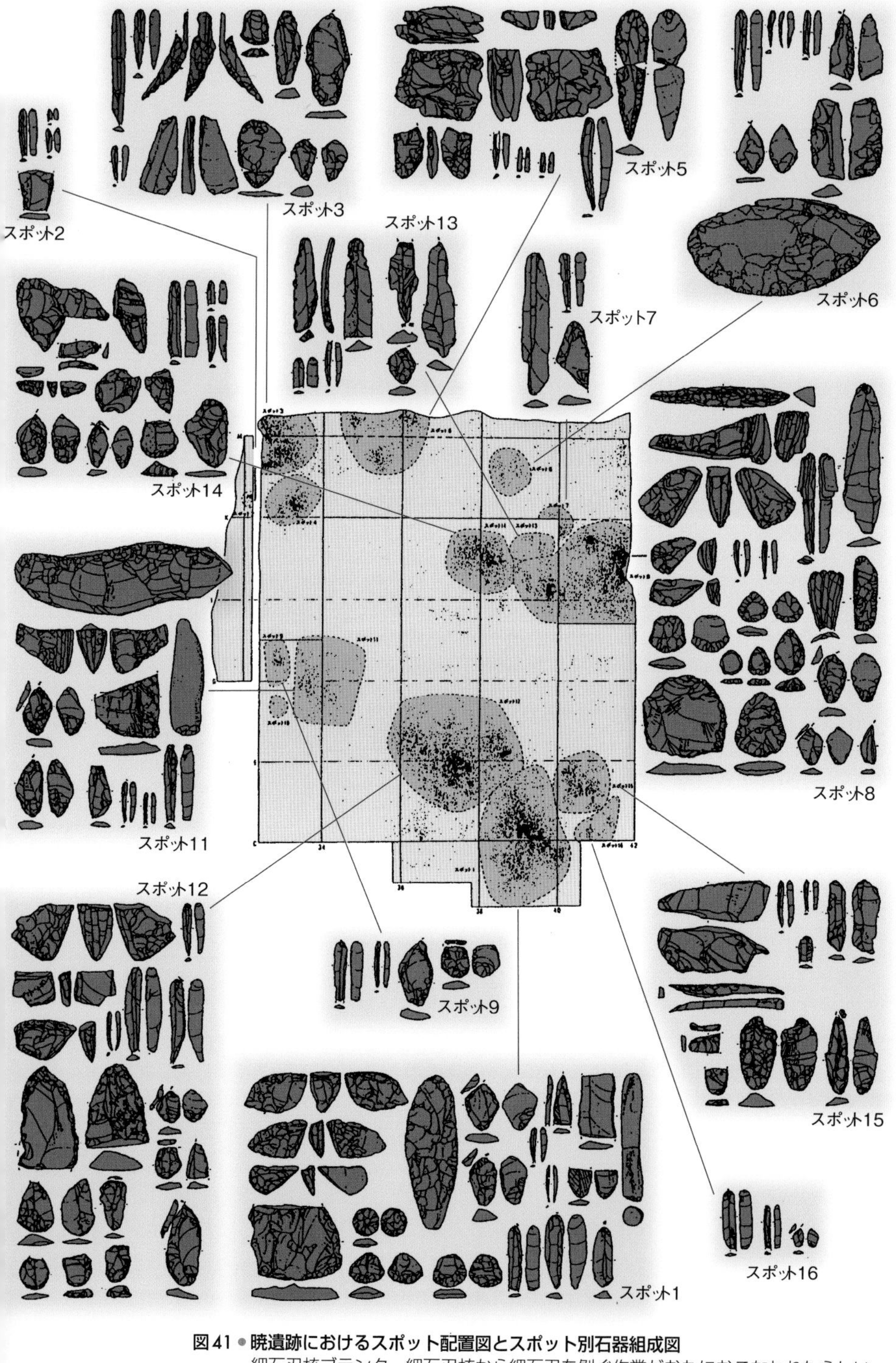

図41 ● 暁遺跡におけるスポット配置図とスポット別石器組成図
細石刃核ブランク、細石刃核から細石刃を剥ぐ作業がおもにおこなわれたらしい。
石器製作址というよりもムラの様相を示している

両者は、混在している。細石刃も、およそ「札滑型」細石刃核からのやや大型のもの、「峠下型」細石刃核からの少々小さめのものという傾向が認められる。

スポット14では、総数二〇〇八点に対し、細石刃が六三〇点を占める（三一％）。第二段階スポールと接合する「札滑型」細石刃核、片面の調整が部分的であるが同じ仲間の細石刃核それぞれ一点がともなう。

また、スポット1の場合は、一万点を超える遺物数（一万一七一八点）で、しかも細石刃の占める割合が概して低いが、それでも二六四四点で、二三％を占める。ここでも、「峠下型」細石刃核一点、両面加工の「札滑型」細石刃核ブランク二点があり、細石刃も細身と幅広のものの二タイプがありそうである。

以上のように、暁遺跡は、総じて調整剥片や削片の出土数が少ない一方で、それぞれのスポットに掻器、彫器、削器、細石刃など製品の存在が目立っている。細石刃の製作において、搬入してきた細石刃核ブランク、もしくは細石刃核から細石刃を剥ぐ作業がおもにおこなわれたらしい。石器製作の初期段階を示す石器製作址というよりもムラの様相を示しているのである。

暁・美利河一遺跡の「荒屋型」彫器

さらに興味ある事実がある。暁遺跡の黒曜石二八点について原産地の分析がおこなわれている。それによると、「札滑型」にかかわるブランク、セカンド・スポール、やや大型の細石刃のすべてが白滝（赤石山）産黒曜石である。

暁遺跡では、湧別技法「札滑型」の細石刃核、あるいはそのブランクが白滝から運び込まれ、最終工程というべき細部調整を施しながら大量の細石刃を生産していたのである。白滝の原産地からの距離は、およそ一三〇キロである。他方、「峠下型」細石刃核については、在地の十勝産黒曜石が利用されている。しかも、円礫からのものが含まれており、近間の河床礫の利用であった。遺跡での出土状況は、型式の違いにもかかわらず、「峠下型」細石刃核と「札滑型」細石刃核との分かちがたい関係を示している。

この暁遺跡からは、大量の「荒屋型」彫器が出土している。彫器の総計が一七一点で、うち、「荒屋型」彫器、あるいはその類似品が一三一点と大半を占める。一つのスポットに「荒屋型」彫器二~三本の割合となるが、スポット1で二八点、スポット8で二五点、スポット12で三三点、スポット15で八点と多い。黒曜石のほうがやや多いが、頁岩がおよそ半数を占めており、頁岩地帯からのまとまった流入がうかがえる。

ところで、幌加沢遺跡遠間地点とおよそ同じ年代とみられる北海道南部の頁岩産地を控える美利河一遺跡では、総数八八点の彫器が出土している。うち、「荒屋型」彫器が五三点（六〇%）を数えるが、この量と比較しても暁遺跡での多さが理解できよう。すべて頁岩製である。ブロック1~3に、あわせて三九点の彫器があり、少なくとも三三点について「荒屋型」彫器の仲間であると確認できる。関連して、ブロック13では彫器が極端に少なく、「荒屋型」彫器は二点である。逆に、ブロック13で掻器が一三点も出土しているのに対し、ブロック一~三では掻器を欠いており、両器種の補い合う関係が理解される。

「荒屋型」彫器をめぐる交換のネットワーク

いうまでもなく、「荒屋型」彫器は黒曜石で代用できる。事実、黒曜石製のものがある。しかし主体を占めることはない。一方、頁岩類は「荒屋型」彫器のみならず細石刃の製作にも使用できる。にもかかわらず、黒曜石の入手が容易な地域での頁岩類の細石刃素材への利用はとりわけ多くない。

すなわち、頁岩類が入手できたからたまたま細石刃や「荒屋型」彫器を作ったということよりも、「荒屋型」彫器は頁岩類でなければならないというのが基本のようである。しかも先述したように、製品、あるいはそれに近い素材での動きが想定されている。

総合すると、石材、あるいは製品への選択の意識が強く働いてはいるものの、少なくとも特別な目的をもった小集団みずからがはるか遠くまで採掘に出かけて獲得したとか、狩猟社会の慣習化された季節移動に組み込まれた適応戦略、すなわち石材の獲得戦略にともなう補給ということではなさそうである。

半加工品・製品を動かす特別なシステムがあった、おそらくは交換による獲得こそが安定的入手を可能にさせていた、と考えることができよう（図42）。

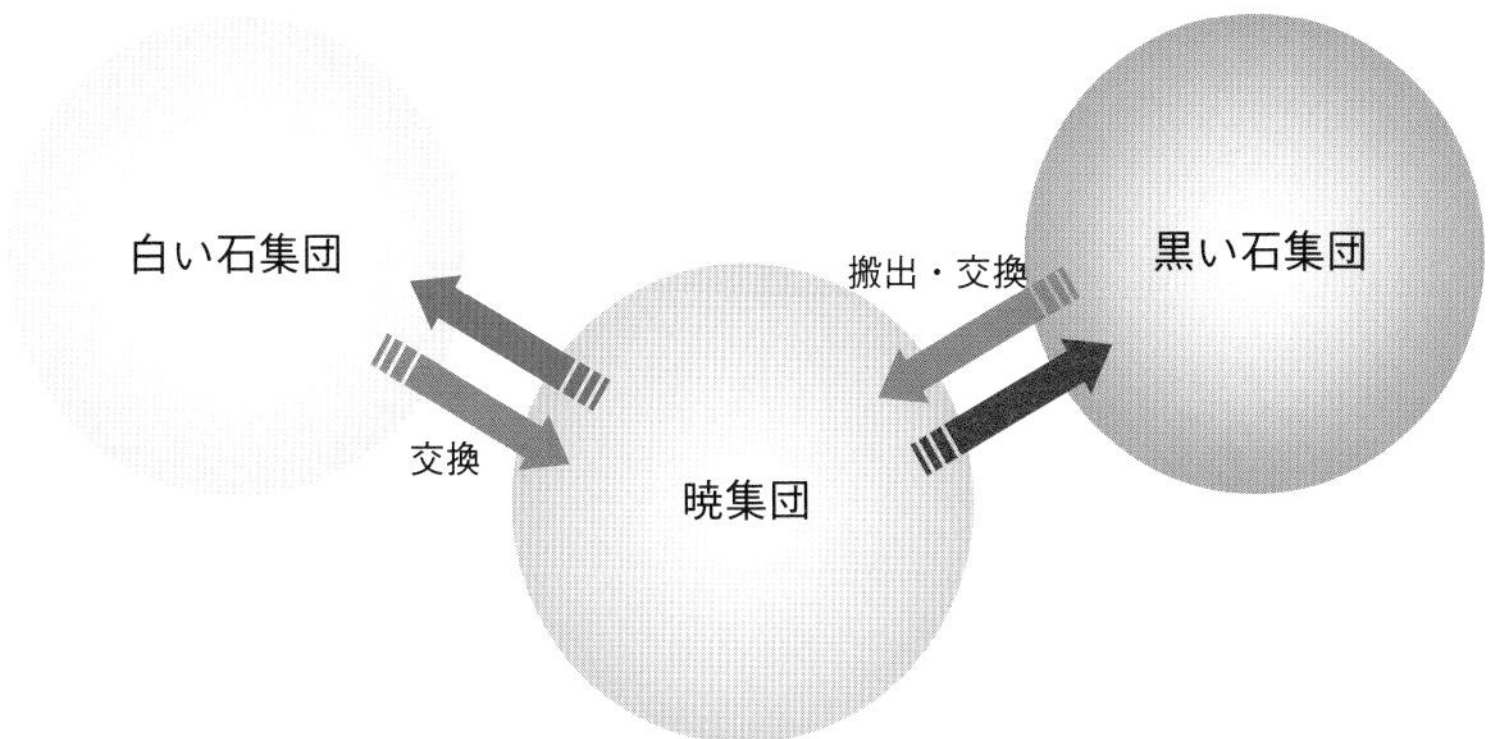

図42 ● 石器・石材の交換ネットワークモデル（幌加沢・暁パターン）
「荒屋型」彫器と微量黒曜石から推定されるモデルであるが、仲介役の暁石器群の集団が重要な役割を果たしたものと推定される。

では、何と交換されたのか、それを具体的に証明するのは難しい。やはり、暁石器群を残した人びとの存在が重要である。

「荒屋型」彫器の数量の多さが際立っており、北海道での出土総数の二五％ほどを占める。白滝産の「札滑型」細石刃核、あるいはそのブランクなど細石刃生産に必要な素材をまとまって入手できる位置にあり、しかも頁岩など、道南産の石材による「荒屋型」彫器を大量に獲得できる暁石器群の集団こそが、白滝・十勝産黒曜石を道南に動かす役割を担い、一方で獲得した「荒屋型」彫器、あるいはその半加工品をほかに分配する役割を担っていた特別な集団とみなすことができよう。

暁石器群のターミナルステーションとしての性格は、組織された物流網の要としての役割を有していたとみて間違いなかろう。もちろん、移動しながら集団みずからが現地調達したという見解も根強くあり、さらなる検証を必要としているが、これまでのところ「現地調達」説を裏付ける確かな証拠は得られていない。

なお、「荒屋型」彫器がどのように使われたのか。一般には、植刃器の軸に細石刃を植え込む溝を彫る、あるいは絵画や丸彫り像を彫刻（線刻）するために用いられたと考えられている。しかし、使用による刃こぼれが、彫器の先端部より、むしろ刃部の縁に多く認められ、そのおもな用途は骨や角を削ったり、磨いたりして軸などを作ることにあったといえよう。幌加沢遺跡遠間地点の多くの彫器でも、似たような使用の痕跡が肉眼観察、そして顕微鏡による観察で確認されている（**図38参照**）。

第6章　北の黒曜石の道

1　長距離を旅する巨大石器——技と人の行動様式を探る

石器の製作実験

サンクト・ペテルブルグにあるロシア科学アカデミー物質文化史研究所は、使用痕研究と実験考古学を駆使して石器がどのように作られたか、どのように使用されたかなどを明らかにしてきた輝かしい歴史をもっている。その基礎を築き、この種の研究の創始者とされているS・セミョーノフの名は世界的によく知られている。現在、E・ギリヤがその伝統を受けつぎ、さまざまな課題の解明に取り組んでいる。

日ロ共同研究の開催にあわせて来日したE・ギリヤに、幌加沢遺跡遠間地点にみられる湧別技法の再現実験を依頼した。

図22に紹介したとおり、接合資料などから解き明かされた多様な「幌加・湧別テクノコンプ

レックス」のうち、とくに典型的な湧別技法につき、その再現への挑戦である（図43）。

予想どおりというべきか、最大の難題は、幌加沢遺跡遠間地点に特有ともいえる石器の「巨大さ」にあった。長さ三五センチ、厚さ五センチを越すような大型両面加工石器をいかに作るか、またファースト・スポールやセカンド・スポールを首尾よく剝がしとり、細石刃剝離に必要な平らな打面をもつ舟形ブランクをどのようにして作り出すかであった。

作業は一日に三〜四時間、五日間にわたっておこなわれた。石材は、赤石山の西アトリエ産黒曜石で、漆黒の角礫三個である（図43の表1）。円礫を用いたハードハンマーでの分割作業はさほど難しくなく、木の葉形の両面加工石器製作に必要な九個の素材（礫片）が準備された。

その後の大型両面加工石器への整形作業は、おもに鹿角のソフトハンマーを用いて進められたが、限られた時間内での作業、しかも素材中の球顆による破砕が影響し、入念な調整とはいかなかった。また、いずれの規格も、当初期待していた長さ三五センチ、厚さ五センチを下まわり、原礫の選択時での課題を残した。なお参考までに、完成した大型両面加工石器の規格（図43の表2）、回収済みの剝片・砕片・削片類の総点数・重量（図43の表3）を付記した。

大型の両面加工石器を相手に、もっとも難儀したのがファースト・スポール、さらにはセカンド・スポールの剝離である。とりわけ、厚手で大型の両面加工石器を相手に、鹿角製ソフトハンマーを用いた削片剝離では末端にまで進まず、途中で抜けたり、斜めに深く入り込み、細石刃を量産するのに欠かせない平坦打面がなかなかできあがらない。

そこで、E・ギリヤが試みたのが、図43に示した台石技法である。アメリカの考古学者L・

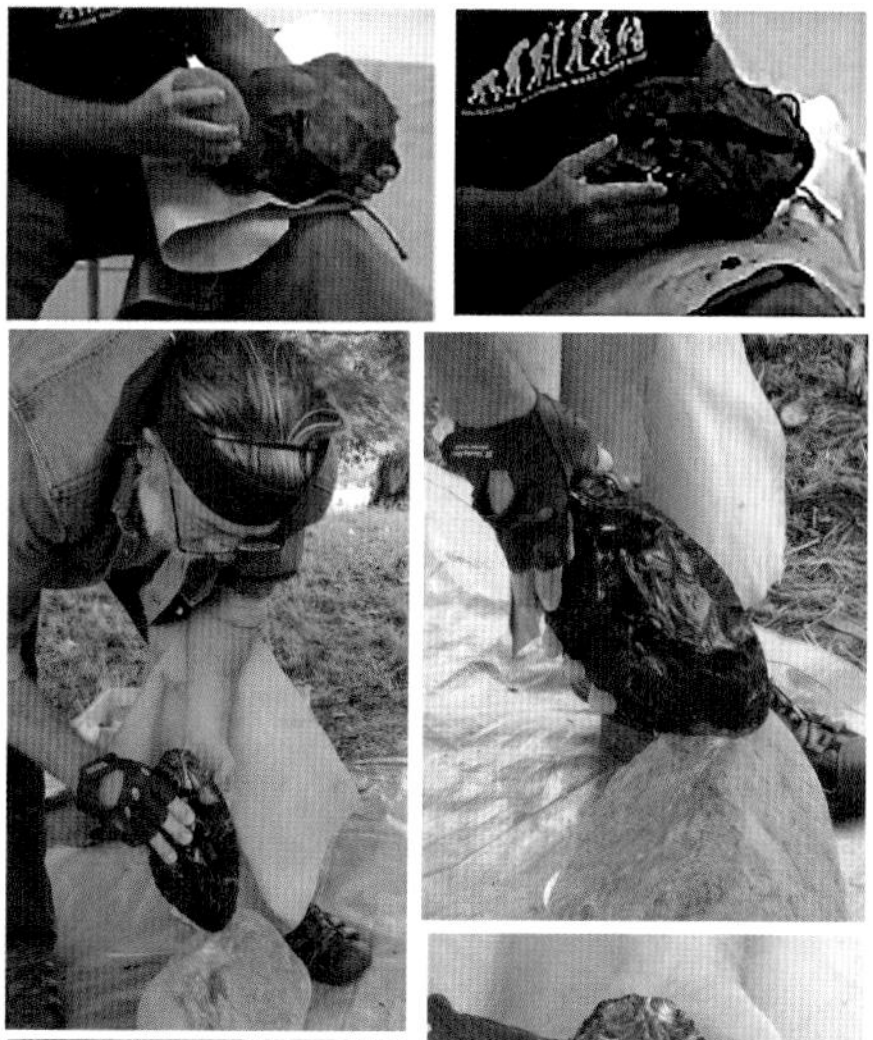

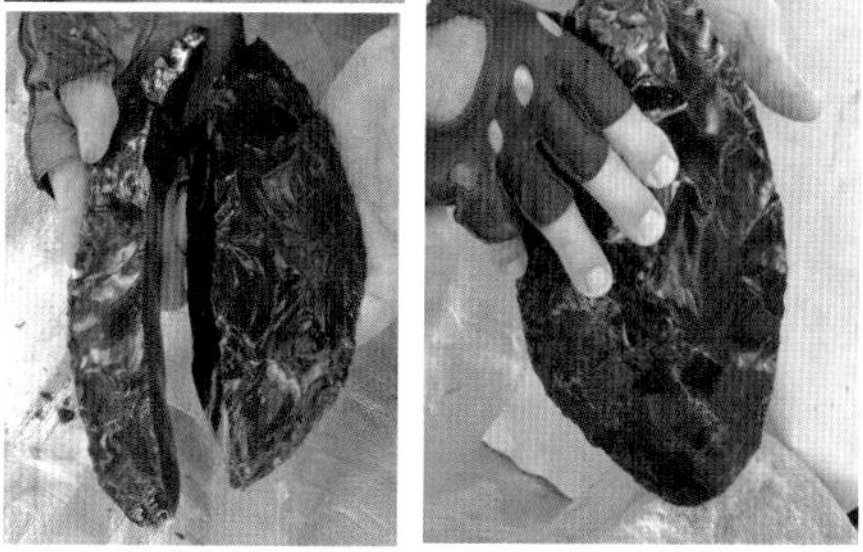

表1

▲原礫1	長さ42.8X幅31X厚さ25.5cm	重さ37.6kg
原礫2	長さ35.6X幅23.3X厚さ33.8cm	重さ21.5kg
原礫3	長さ39.5X幅25.5X厚さ27.5cm	重さ23.3kg　(重量総計82.4kg)

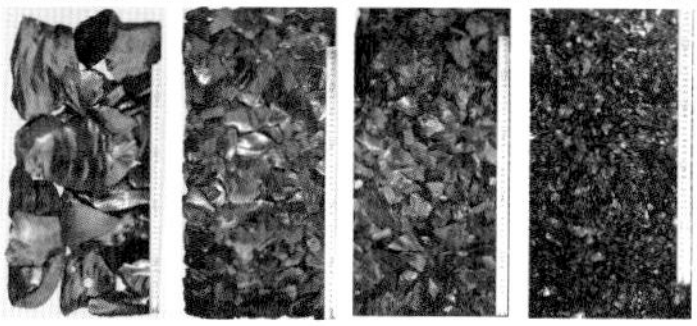

表2

1	22.9X13.2X4.5cm, 1250g ▶
2	19.2X11X4.2cm, 900g
3	19X10.7X3.5cm, 875g
4	26.5X13.5X4.9cm, 1350g
5	20.7X10.7X4.5cm, 1050g
6	20.8X10.3X3.7cm, 875g
7	23.1X10.9X4.4cm, 1150g
8	19.3X9.8X3.3cm, 850g
9	19.5X10.5X3.8cm, 880g

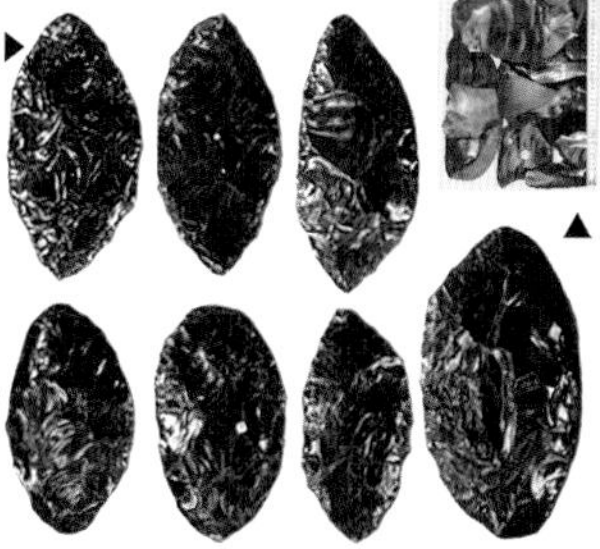

▲表3

剥片	大	86点	31.7kg
	中	1173点	27.6kg
	小	8871点	10.3kg
削片		10299点	3.6kg
大型両面石器		9点	9.2kg

図43 ● 湧別技法（台石技法）の製作実験（製作者：E. ギリヤ）
赤石山頂部西アトリエ採取の黒曜石（角礫）を使用。大きな角礫3個から、大型で厚みのある両面加工石器9個が獲得された。とくに注目したのが、砂岩製の台に両面石器を振り下ろしスポールを剝ぎとる台石技法の有効性である。
実験からは貴重な情報が得られた。表1に用いた角礫、表2・3に作り出された両面加工石器、剝片類の数量と大きさ、重さを示した。

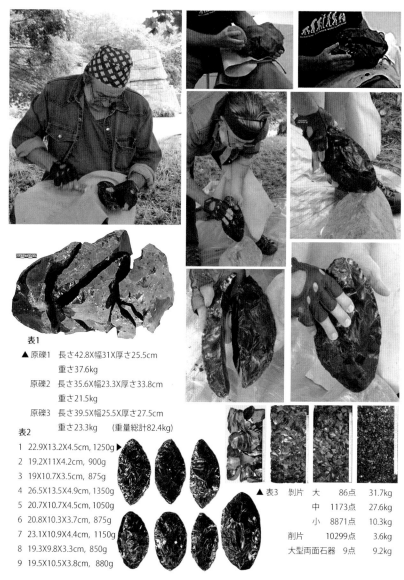

H・キーリーが編み出した技block-on-blockである。事前の特別な打面調整もせずに、両面加工石器を台石の縁めがけてゆっくりと振り下ろすだけで容易にスポールを剝がしとることができた。素材の側縁をおよそ左右相称に仕上げ、片手で軽く握り、台石に向けやや斜めに打ちおろす、剝離角七〇～七五度で加撃するなどの配慮をしつつも、きわめて効率的技法とみなせた。

ちなみに、重さ八二・四キロの三個の角礫素材から九個の大型の両面加工石器（九・二キロ）を作り出し、残りが剝片・削片類（七三・二キロ）という製作実験でのデータにしがたえば、廃棄率は八八・八％。仮に発掘区のおよそ一〇〇平方メートルでの出土剝片・砕片総重量（一一二キロ）に該当させると、四五個の原礫を利用し、一三五個の両面加工石器が作り出されたことになる。また、遺跡の総面積五〇〇〇平方メートルに相当させると、遺跡全体で六七五〇個の両面加工石器が製作されたという計算になる。

もちろん、石刃生産が計算に入っておらず、全体の実情を反映したものではない。製作実験で示された基礎数も、参考にすぎない。製作実験の適否も含めてさらなる検証は欠かせないが、板状の角礫など、より適切な大きさの石材から、大型の細石刃核ブランクが大量に製作され、運び出されたことを疑う余地はなく、秘められた技術の存在が注目されよう。

接合資料が示す石器の動き

近年、石器や剝片の接合関係を明らかにし、遺跡内での人の行動や集団関係を具体的に探ろうという研究が大きな成果をあげつつある。なかには、L・R・ビンフォードによる民族学的事例の研究を加味し、石器製作者の作業位置や姿勢まで類推しようという試みもみられる。

日本では、埼玉県所沢市砂川遺跡での研究が新たな接合研究のはじまりとされる。筆者にとっても思い出多き遺跡である。大学院に進学してほどなく、発掘を決めた恩師の戸沢充則講師に現場責任者を命ぜられた。発掘区の設定は首尾よく進み、石器の集中する地点に遭遇。夕食後に続けた遺物の洗浄、注記作業のある日、突然、後輩の会田進が興奮気味に大声をあげた。「石器が接合した」と。その後、つぎつぎと接合し、遺跡研究への確かな道筋がつけられた。

白滝では、接合資料の分析から、遺跡内の複数の遺物集中地点が相互に関係しあう実態、そしてひとつの遺跡を越えてほかの遺跡へと動く石材・石器の様相などがつまびらかになりつつある。高規格道路の建設にともなう白滝遺跡群の発掘調査が、北海道埋蔵文化財センターの手でおこなわれたことはすでに紹介した。出土した膨大な資料を相手に、作業員たちによる地道な整理作業が続けられ、大量の接合資料がもたらされた。

長い間、黒曜石の接合作業はとても無理といわれていただけに、これまでの常識を破る快挙である。正確に記すと、過酷なこの作業に取り組む作業員さんたちを熱く指導していたのが、調査員の宗像公司であるが、ひと足早く、共に悪戦苦闘した札幌大学での幌加沢遺跡遠間地点の接合資料との出会いがあってのことである。

上白滝八遺跡では、大きく表、中央、裏の三つの塊に復原されたものがさらに互いに接合し、搬入時の大きなブランクの姿まで再現された尖頭器の製作に関係する資料がある（図44）。搬入時においておよそ両面加工に仕上げられていたもので、中央部の長さが三一センチを測る。

搬入後、遺跡のなかで、さらに細かな加工を加え、尖頭器の仕上げを目指しているが、結果として大きく二つに割れて、完成をみていない。その半折した尖頭器片を利用して舟形石器が作られているが、結局は利用されずに遺跡に遺棄されたようである。

同じ母岩から作られたとみられる粗く両面加工されたブランクは、うまく尖頭器が作られ、その後持ち出されたのか、なかを欠き、表皮のみが元の姿を示している。花十勝石製で、赤石山山頂部の東アトリエから山腹付近で粗加工され持ち込まれたものと推測される。

北支湧別四遺跡では、長さ三四センチ、幅一七センチ、厚さ九センチの盤状の角礫を粗く加工した両面加工石器を、おそらくは赤石山山頂（西アトリエ?）・山腹（八号沢?）の露頭付近から搬入し、尖頭器を製作した様子が明らかにされている。そして、長さ一五センチ、幅

図44●上白滝8遺跡の接合資料
左、中央、右が重なって接合する。幅の広い尖頭器が、作る途中でほぼ半分に折れ、上側の破片から舟底形石器が作られている（中央：長さ31cm）。

九センチ以下の大きさにまでなった尖頭器が、遺跡（発掘区）外に持ち出されたとみられる。

　これらの資料が語るのは、第一次加工を施し搬入しやすいように尖頭器様のブランクに作りあげていたこと、また搬入後に仕上げの加工を施すが、尖頭器の製作はもちろん、それのみに限定せず、自由で柔軟な発想を発揮しつつ、臨機応変に製品を追求していたらしいことである。

　なお、本遺跡をはじめ白滝遺跡群のあちこちから、三〇センチほどもある巨大で、ていねいに整形された木葉形、柳葉形の尖頭器が多数出土している。ただし、実用的な槍先とは考え難く、湧別技法関連のブランクである。製作、運搬、使用へと展開する人びとの行動様式の初期段階に相当する石器で、石材産地の開発、選択的利用、移動経路中に組み込まれたキャッシュ（貯蔵、埋め込み）、交換網など石材獲得のための総合的戦略を物語る貴重な資料といえよう。

石器の遺跡間接合

　奥白滝一遺跡の石器ブロック7～10では、これまで旧石器時代後葉とされてきた「紅葉山型」細石刃核と石刃核（図45）がまとまって出土しているが、同一母岩によって作りだされた石刃一点が沢をはさんだ西側、直線距離で三四〇メートル離れた服部台二遺跡に運ばれ、両者が接合されている。また、奥白滝一遺跡と服部台二遺跡出土の石刃と細石刃がまとまって接合し、同一母岩から作りだされたものであることが判明している。

　前者は、奥白滝一遺跡で石刃剝離がおこなわれた後に、そのうちの石刃一点が服部台二遺跡に搬出された可能性が高い。また後者は、奥白滝一遺跡で一定程度の石刃生産がおこなわれた後に、石核、「紅葉山型」細石刃核が服部台二遺跡に搬出され、再び細石刃が剝がされたことを示している。中心部に残るべき細石刃核も、服部台二遺跡から搬出されたのか未発見である。

これまで石刃と細石刃とは大きさの違いで区別されてきたが、まとまった接合資料により一連の工程で作りだされることが判明し、明瞭に区分できないことがわかる。型式を分けて技術の違いを考える難しさは、かつて「蘭越型」細石刃核を作る技法のなかで指摘した点である。

北海道教育大学旭川校の和田恵治教授の研究によると、いまから二〇〇万年前頃、「幌加湧別カルデラ」の噴火活動でマグマが吹きだし、流れだした溶岩が急速に冷却し、天然ガラス、黒曜石が作りだされたという（**図3参照**）。黒曜石は自然の生産物だが、人間によって発見され、巧みな技により多様な道具に生まれ変わる。人びとの生活を支え、数千キロの旅を繰り返しつつ、さまざまな集団との出会いがあったに違いない。みごとに組み立てられた膨大な接合資料は、旧石器時代の人びとの日々の暮らしを解き明かす「宝物」であるとともに、「北の黒曜石の道」の扉をこじ開け新たな歴史を紡ぐ際にも欠かすことのできない「生き証人」となろう。

2　人類拡散のドラマ

マンモスハンターたちの世界に導かれて

アフリカで初期のアウストラロピテクスが誕生した六〇〇万年前、石器を作りはじめた二〇〇万年前、さらに時代が大きく進み、人類はユーラシアへと足を踏み入れ、二万七〇〇〇

（1）高さ 7.4 cm

（2）高さ 11 cm

（3）高さ 34 cm

図45 ● 奥白滝1遺跡（1、2）と上白滝2遺跡（3）の接合資料

接合資料は、製作者の意図や当時の石器製作技術の特徴を教えてくれる。ここでは、大きな塊の段階には石刃を作り、小さくなると細石刃を作っている。石刃技法と細石刃技法（「紅葉山型」細石刃核）とが一連のものであることを証明している。これまでの常識を覆す、貴重な資料である（写真は実物の1/2）。

年前、酷寒の地での適応を果たす。

人間の「飾る行為」が、仲間の死と深く結びつきつつ発現し、高揚し、多様化したことを想像させる後期旧石器時代の貴重な土壙墓が、ロシアのモスクワ近郊、スンギール遺跡で発見されている（図46）。とりわけ注目を集めたのが、大量のマンモス牙製の装身具や槍などの副葬品に飾られた中年男性の墓と少年二人の墓である。牙製品を作る傑出した技術、生まれながら障害をもつ少年への手厚い介抱など、これまでのイメージを一新する高度な社会を推察させる。

最近、ミトコンドリアDNAなどの遺伝子解析により、長い間女性と識別されていた少年も含めて

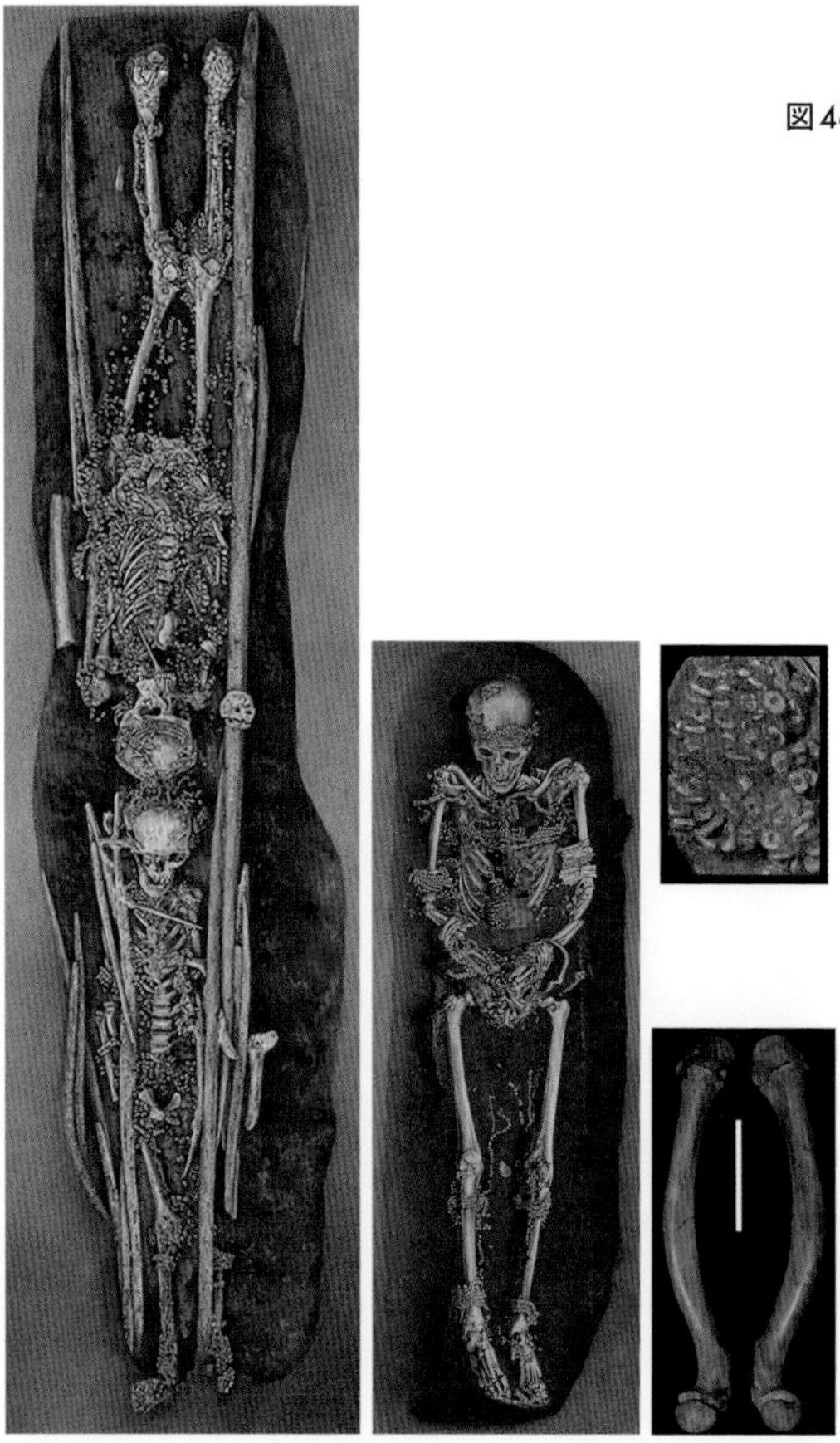

図46●スンギール遺跡の埋葬墓
目にしたこともない大量の装身具と副葬品に飾られ、真っ赤な顔料に彩られた2基の墓が世界で注目を集める。右の単葬墓には、55～65歳の身長181cmの男性が、左の合葬墓には、12～13歳（上）と9～10歳（下）の少年2人が眠る。いずれも、手足を伸ばした伸展葬で、身体の向きを上下逆にした少年たちは、中央で頭を寄せ合う。マンモス牙製のビーズが2～6列単位で、頭部や胸部、胴部、腕、膝をめぐる。毛皮製の帽子やルバーシュカ、切り込みのないズボン、靴などに縫いつけられていた。成人3500点、少年2728点、3504点のビーズを仮に一人で作るとすると、一年近くを要するたいへんな作業である。少年たちをかこむように、長さ242cmと166cmの長槍、短剣など大小多数の狩猟具、指揮杖などが添えられている。大きく弯曲した生の牙を、水に浸しながら真っ直ぐに伸ばす高度な技術を編み出し、製作したとみられている。幼い少年は、生まれながらの障害に苦しんでいたらしく、右下写真のとおり、大腿骨が、左右ともに短く、弓状に大きく弯曲する。

すべてが男性と判定された。Y染色体ハプログループではシベリアの旧・中石器時代のゲノムとも一致し、日本固有のそれとは再従兄弟（はとこ）相当という。興味深いのは、少年を含む多くが遺伝子的に「他人」の関係で、近親交配を避け遠距離集団とまじわる社会システムが形成されていたという。遠距離ながらいくらかの繋がりも想定できるが、遺物としては残りにくいマンモス牙製の「飾り」「おしゃれ」などの証拠を遠い北海道でいかに探し出すか、である。

あこがれの動物に引き寄せられた不思議な思い出がいまも脳裏に残る。石材を探し求め北広島市を散策したときのことである。音江別川流域の砂利採取場へ足を踏み入れてすぐに、積み上げられた礫の山のなかにギザギザした奇妙な石を発見。ひと目でマンモスの臼歯とわかる。年代測定の結果は四万五〇〇〇年前、残念ながら旧石器時代人の登場以前の化石であった。

近年、滋賀県立琵琶湖博物館の高橋啓一館長らにより、北海道で発見されたマンモスの化石に関する年代測定の結果が相次いで公表されている。それによると、襟裳岬から発見されたマンモス臼歯の年代が約一万九〇〇〇年前、別海町野付崎沖海底から産出したマンモス臼歯の年代が約二万年前、羅臼町沖海底から産出したマンモス臼歯が二万三〇〇〇年前と示されている。また、八雲町沖海底から産出した野牛の角化石についても、約一万八〇〇〇年前という年代が与えられており、いずれもおよそ二万一〇〇〇～一万五〇〇〇年前、最終氷期の酷寒期に相当し、マンモスが陸続きの北海道へやってきたことを示す証拠である。

問題は、人類とのかかわりである。シベリアと同じような旧石器文化が北海道でも繰り広げられており、多くの時代、両者が関係しあうであろうことに疑う余地はないが、マンモスと石器がともなったという具体的な証拠はなお得られておらず、課題は残されたままである。ここ白滝の赤石山や高層湿原の連なる北大雪の山間地で、マンモスの臼歯やマンモス牙製の長槍、ビーズなど石器以外の生活の痕跡をどうしても探し出さねば、と夢はいっそう大きく膨らむ。

自然とヒトをつなぐ黒曜石、過去と未来をつなぐ白滝ジオパーク

旧石器時代の遺跡が一万五〇〇〇カ所ほど確認されている日本列島のなかで、白滝遺跡群は世界に広く知られた遺跡群である。ユーラシアの石器文化と深く関わりあうのはもちろん、黒曜石の原産地を中心に一〇〇カ所以上の遺跡が密集する稀有な遺跡群だからでもある。

旧石器時代から縄文時代、続縄文時代、さらには鉄器の流入が認められるオホーツク文化、鉄器が普及する擦文時代（平安〜鎌倉時代頃）へと続く北海道では、二万年の間、黒曜石は道具の材料に使われつづける。その産地として重要な歴史的役割を担ってきたのが、白滝である。

振り返ると、学生時代以来、折に触れて訪ね歩いたこの白滝で、筆者が、発掘調査をおこなうことになるきっかけは、白滝にふさわしい博物館の設立を望む旧白滝村の太田實教育長、小栗法詔課長の熱心な誘いがあったからである。人びとの遺跡への関心は薄らぎ、不適切な破壊行為が拡散する危機的状況も話題に添えられた。貴重な人類遺産が、やがて姿を消していく事態こそ避けなければならないと判断し、調査に着手することとしたが、赤石山の黒曜石原産地の実態をあわせ解明することが重要と考え、その山腹に位置する幌加沢遺跡遠間地点を選んだ。ヒグマが棲息する危険地域。露頭を探し求めてのひとり歩きは、恐怖との闘いでもあった。

調査の進行にあわせ、白滝での日ロ共同調査、さらにはロシアや中国、韓国、アメリカの研究者たちを招待しての国際シンポジウムなどを企画、実行し、白滝の普及活動にも努めた。

文化庁主催の重要考古資料選定全国準備会議（北海道・東北地区）で、研究史上大きな役割を果たしてきた白滝遺跡群を候補とするよう求めた結果、一九八八年、北海道で初めて旧石器時代の国指定史跡・白滝遺跡（旧称・第一三地点）が登録された。その後、高規格道路の建設計画が明らかになり、一九九四年四月、北海道考古学会は、遺跡群の保存を優先するよう関係機関に要望書を提出したが、一九九五年以降、北海道埋蔵文化財センターによる大規模な発掘調査が実施された。幸い貴重な資料が大量に蓄積された。一九九七年には、新たに六遺跡が国指定史跡に追加され、名称も「白滝遺跡群」と改称された。

二〇〇四年、ユネスコの支援を受け世界ジオパークネットワークが設立される。日本でも世界ジオパークを目指そうという動きが各地ではじまるなか、北海道環境保全技術協会の亀和田俊一事務局長より地質遺産ともいうべき黒曜石鉱体と歴史遺産である数多くの遺跡群をあわせもつ白滝は、十分にその資格があるとの推奨をいただき、考古学者と地質学者による共同作業を開始した。二〇〇九年に「白滝黒曜石遺跡ジオパーク構想推進協議会」を立ち上げ、町をあげての推進活動を展開した。同じ年、日本ジオパークネットワークが組織され、その支援もあって二〇一〇年に「白滝ジオパーク」が正式に認定された。

深い森に守られながら往時の姿を留める自然遺産、そして世界にも稀な人類の歴史遺産をあわせもつ「黒曜石の道」・白滝での調査、活動は、新たな段階に入ってきた、といえよう。

おもな参考文献

河野義礼　一九五〇『本邦産玻璃質岩石の研究』『地質調査報告書』第一三四号

北沢　実他　一九八九『帯広市暁遺跡の発掘調査』十勝考古学研究所調査報告一

木村英明　一九九五「黒曜石・ヒト・技術」『北海道考古学の諸問題』北海道考古学第三一輯　北海道考古学会

木村英明　一九九七『シベリアの旧石器文化』北海道大学図書刊行会

木村英明　二〇〇七『白滝幌加沢遺跡遠間地点と黒曜石原産地』札幌大学埋蔵文化財展示室

木村英明　二〇一二『黒曜石原産地遺跡・「白滝コード」を読み解く―幌加沢遺跡遠間地点の発掘調査と研究―』六一書房

鈴木宏明　二〇〇九「北海道白滝における黒曜石の利用状況」『考古学ジャーナル』五八、ニューサイエンス社、

筑波大学遠間資料研究グループ　一九九〇『湧別川―遠間栄治氏採集幌加沢遠間地点石器図録―』遠軽町先史資料館収蔵資料集

和田恵治・加藤孝幸・木村英明　二〇一〇「白滝黒曜石遺跡ジオパークを目指して―神秘の森によみがえる黒曜石―」『地球と人をつなぐタイムマシン』日本地球惑星科学連合大会

和田恵治・佐野恭平　二〇一一「白滝黒曜石の化学組成と微細組織―原産地推定のための地質・岩石資料―」『旧石器研究』第七号、日本旧石器学会

陳　全家他　二〇一五「吉林東部地区考古遺址出土黒曜岩石製品産地的初歩研究」『東方考古』第一二集、山東大学文化遺産研究院

Levin,M. G. and Potapov, L. P. 1956, Narody Sibiri. Moskva（露文）

Semenov, S.A. 1968, Razvitie tekhniki v Kamennom veke. Leningrad（露文）

Trinkaus, E, & Buzhilova, A. P. 2018 Diversity and differential disposal at Sunghir. Antiquity 92, pp.7-21

Vasilevskij 2003 Periodizatsiya Verkhnego Paleolit Sakhalina i Khokkajdo v Svete Issledovanija Poselenija Ogonjki 5, Arkheologija, Etnonografija i Antropologija Evrazii, No.15, Novosibirsk, pp.51-69（露文）

＊北海道埋蔵文化財センターの報告書は、「遠軽町旧白滝3遺跡」『調査年報』二一および『白滝遺跡群』Ⅰ～Ⅺ

遠軽町埋蔵文化財センター

・北海道遠軽町白滝138―1
・電話　0158(48)2213
・開館時間　9:00~17:00(入館は16:30まで)
・休館日　夏期(5~10月)休館日なし、冬期(11~翌4月)土・日曜日、祝日、12月31日から1月5日まで
・入館料(常設展示室)　一般320円、高校生以下160円
・交通　JR石北本線「白滝駅」から徒歩15分。都市間高速バス「白滝停留所」から徒歩5分。車で旭川紋別自動車道「白滝IC」より約3分

遠軽町埋蔵文化財センター

遠軽町の遺跡から出土した埋蔵文化財の収蔵・展示・活用をおこなう施設。常設展示室の「1大地に遺された記憶」で、現在から擦文時代、続縄文時代、縄文時代、旧石器時代へと大地を掘り進めるように時代をさかのぼり、各時代の代表的な遺跡と遺物を紹介。「2現れた大遺跡群」「3白滝での石器づくり」「4旧石器時代のくらし」で、白滝遺跡群と黒曜石製石器について展示・解説。「5遠間栄治記念室」で、遠軽町の先史研究を支えた遠間栄治氏の経歴と功績を紹介。「黒曜石ギャラリー」では指定文化財を一堂に展示する。

同上展示室

白滝ジオパーク交流センター

・住所、開館時間、休館日は遠軽町埋蔵文化財センターに同じ
・電話　0158(48)2020
・入館料　無料

白滝ジオパークの拠点施設で、各ジオサイトについてくわしく紹介している。見学ツアーなども開催している。

白滝ジオパーク交流センター

遺跡には感動がある

――シリーズ「遺跡を学ぶ」刊行にあたって――

「遺跡には感動がある」。これが本企画のキーワードです。

あらためていうまでもなく、専門の研究者にとっては遺跡の発掘こそ考古学の基礎をなす基本的な手段です。また、はじめて考古学を学ぶ若い学生や一般の人びとにとって「遺跡は教室」です。

日本考古学では、もうかなり長期間にわたって、発掘・発見ブームが続いています。そして、毎年厖大な数の発掘調査報告書が、主として開発のための事前発掘を担当する埋蔵文化財行政機関や地方自治体などによって刊行されています。そこには専門研究者でさえ完全には把握できないほどの情報や記録が満ちあふれています。しかし、その遺跡の発掘によってどんな学問的成果が得られたのか、その遺跡やそこから出た文化財が古い時代の歴史を知るためにいかなる意義をもつのかなどといった点を、莫大な記述・記録の中から読みとることははなはだ困難です。ましてや、考古学に関心をもつ一般の社会人にとっては、刊行部数が少なく、数があっても高価なその報告書を手にすることすら、ほとんど困難といってよい状況です。

いま日本考古学は過多ともいえる資料と情報量の中で、考古学とはどんな学問か、また遺跡の発掘から何を求め、何を明らかにすべきかといった「哲学」と「指針」が必要な時期にいたっていると認識します。

本企画は「遺跡には感動がある」をキーワードとして、発掘の原点から考古学の本質を問い続ける試みとして、日本考古学が存続する限り、永く継続すべき企画と決意しています。いまや、考古学にすべての人びとの感動を引きつけることが、日本考古学の存立基盤を固めるために、欠かせない努力目標の一つです。必ずや研究者のみならず、多くの市民の共感をいただけるものと信じて疑いません。

二〇〇四年一月

戸沢充則

著者紹介

木村英明（きむら・ひであき）

1943年、北海道札幌市生まれ。

明治大学大学院文学研究科修士課程修了。史学博士、ロシア科学アカデミー名誉博士。

札幌大学文化学部教授、同大学院文化学研究科長などを歴任、2008年に退職。「カリンバ遺跡」史跡整備検討委員会委員長（前）、遠軽市白滝ジオパーク交流センター名誉館長（前）、白滝ジオパーク推進協議会学識顧問ほか。

主な著書『縄文の女性シャーマン　カリンバ遺跡』（シリーズ「遺跡を学ぶ」128、共著、新泉社）、『シベリアの旧石器文化』（北海道大学図書刊行会）、『黒曜石原産地遺跡・「白滝コード」を読み解く』（六一書房）、『氷河期の極北に挑むホモ・サピエンス』（雄山閣）ほか。

●写真提供（所蔵）・図版出典
図１・20：為岡進氏撮影／図15：本吉春雄氏提供／図17のうち間接打法・石器使用推定の図：Semenov, S. A. 1968、同チュクチ族の皮なめし図：Levin, M. G. and Potapov, L. P. 1956／図27・44・45：北海道埋蔵文化財センター提供／図28：北海道埋蔵文化財センター 2001『白滝遺跡群』II／図35の遺跡写真：本間浩昭氏撮影／図36のうち両面加工石器：Vasilevskij 2003／図38：E. Girya提供／図46：A. Buzhilova提供／遺跡・博物館紹介画像：遠軽町
そのほかは木村英明作図・撮影

シリーズ「遺跡を学ぶ」012
〈改訂版〉北の黒曜石《こくようせき》の道　白滝《しらたき》遺跡群

2005年　2月10日　第１版第１刷発行
2020年　9月15日　改訂版第１刷発行

著　者＝木村英明

発行者＝株式会社　新　泉　社
東京都文京区本郷2−5−12
TEL 03（3815）1662 ／ FAX 03（3815）1422
印刷／太平印刷社　製本／榎本製本

ISBN978−4−7877−2041−2　C1021

新泉社

シリーズ「遺跡を学ぶ」

128
縄文の女性シャーマン　カリンバ遺跡
木村英明・上屋眞一

北海道恵庭市、石狩低地帯の土坑墓の底を厚くおおうベンガラ層のなかから、被葬者の髪を飾っていたとみられる櫛をはじめ、頭飾り、耳飾り、腕輪など彩りあざやかな漆製品が大量に出土した。これまで目にしたことのない美と技の発見から、縄文人の精神世界を訪ねる。　1600円＋税

074
北の縄文人の祭儀場　キウス周堤墓群
大谷敏三

北海道の空の玄関口、新千歳空港にほど近い石狩低地帯南部の落葉広葉樹林のなか、直径数十メートルにおよぶ巨大な竪穴を掘り、その排土を周囲に盛って環状の土手でかこんだ縄文後期の墓地がいまも地上に姿をとどめている。この大土木工事から北の縄文社会をさぐる。　1500円＋税

097
北の自然を生きた縄文人　北黄金貝塚
青野友哉

北海道南西部、噴火湾をのぞむ北黄金の丘で、累々と積みかさなったカキ・ホタテ・ハマグリの貝殻とともに、死者を篤く葬った墓やシカの頭骨を祀った儀礼の跡がみつかった。環境の変化のなかで多様な食料資源を利用し、自然に祈りを捧げた縄文人のこころに迫る。　1500円＋税

別冊01
黒耀石の原産地を探る　鷹山遺跡群〈改訂版〉
黒耀石体験ミュージアム編

旧石器から縄文時代へと石器原料の黒耀石を列島各地に供給しつづけた、長野県・霧ヶ峰の黒耀石原産地帯。その一角、星糞峠の鷹山遺跡群で、旧石器時代の石器工場と縄文時代の黒耀石鉱山の発掘調査が進んでいる。森林に眠っていた黒耀石流通基地の実態に迫る。　1500円＋税